JOCASTE,
TRAGÉDIE.

JOCASTE,

TRAGÉDIE

EN CINQ ACTES.

Prix 2 liv. 8 f. brochée.

(Par le C.ᵗᵉ Louis-Léon Félicité de Lauraguais Brancas)

A PARIS,

Chez G. DEBURE l'aîné, Libraire, Quai des Augustins.

M. DCC. LXXXI.

DISSERTATION
SUR LES ŒDIPES

De Sophocle, de Corneille, de Voltaire, de la Mote, & sur Jocaste.

Après avoir donné son Œdipe, après avoir joui du succès qu'il eut à la représentation, M. de Voltaire imprima plusieurs lettres en publiant cette Tragédie ; &, consentant d'abord à distinguer son mérite de son succès, après avoir fait hommage d'une partie des applaudissements qu'elle avait excités, aux Acteurs excellents que M. Racine avait formés, il chercha à faire consentir le Public d'assurer à son Œdipe un succès durable & personnel, en comparant son Ouvrage à ceux de Sophocle & de Corneille, sur le même sujet.

« J'examinerai, dit-il, les trois Œdipes avec
» une égale exactitude. Le respect que j'ai
» pour l'antiquité de Sophocle & pour le mé-
» rite de Corneille ne m'aveugleront pas sur

» leurs défauts. L'amour-propre ne m'empê-
» chera pas non plus de trouver les miens. »

Il est si difficile de tenir cet engagement contre l'amour-propre, qu'au lieu de le prendre avec le Public, sur l'examen de Jocaste, je le laisserai juger entre M. de Voltaire & moi : lequel est le plus fidele à l'impartialité qu'exige la critique qui résulte naturellement de l'examen indispensable de la comparaison que je dois établir, entre la maniere dont on a traité jusqu'ici le sujet d'Œdipe, & la forme que j'ai donnée à ce sujet, sous le titre de Jocaste. J'avoue que, sans l'indécence avec laquelle M. de Voltaire a examiné l'Ouvrage de Sophocle & celui de Corneille, mon admiration pour l'esprit & les talents de M. de Voltaire se serait confondue trop facilement avec le profond respect que m'inspirent les noms de Sophocle & de Corneille, pour me laisser la liberté nécessaire à l'examen impartial de l'Œdipe de M. de Volaire : examen cependant indispensable, pour me justifier d'avoir osé traiter le même sujet d'une maniere toute différente. Je joindrai donc l'examen de l'Œdipe de M. de la Mote à celui des autres Œdipes qui l'ont précédé, parceque le Public, qui ne se ressouvient guere de l'Œdipe de M. de Voltaire, & qui a parfaitement oublié celui de M. de la Mote, pourrait croire qu'il accorda autrefois son suffrage au mérite qu'avait eu M. de Voltaire d'imiter Sophocle; & qu'il avait puni M. de la Mote de la témérité de s'en être trop écarté. Je ne prétends cependant pas faire un examen profond & particulier de chacune de ces Tragédies; & bien moins encore les rassembler dans une espece de polyglotte poétique; quelque piquant qu'il fût de considérer combien la même langue, employée par Corneille, par Voltaire & par la Mote, est différente sous la plume de ses Auteurs; & combien leur langage altere le texte de Sophocle, lors même que ces Ecrivains veulent le faire passer dans leurs écrits.

Voici donc l'examen que fait M. de Voltaire de l'Œdipe de Sophocle.

« La scene ouvre dans Sophocle par un

» chœur de Thébains prosternés aux pieds
» des Autels, & qui, par leurs larmes &
» par leurs cris, demandent aux Dieux la fin
» de leurs calamités. Œdipe, leur libérateur
» & leur Roi, paraît au milieu d'eux.

» *Je suis Œdipe*, leur dit-il, *si vanté par
» tout le monde*. Il y a quelque apparence
» que les Thébains n'ignoraient pas qu'il
» s'appelloit Œdipe.

» A l'égard de cette grande réputation
» dont il se vante, M. Dacier dit que c'est
» une adresse de Sophocle, qui veut fonder
» par-là le caractere d'Œdipe qui est orgueil-
» leux.

» *Mes enfants*, dit Œdipe, *quel est le su-
» jet qui vous amene ici ?* Le Grand-Prêtre
» lui répond : *Vous voyez devant vous des
» jeunes gens & des vieillards. Moi, qui
» vous parle, je suis le Grand-Prêtre de
» Jupiter. Votre ville est comme un vaisseau
» battu de la tempête ; elle est prête d'être
» abîmée, & n'a pas la force de surmonter
» les flots qui fondent sur elle.* De-là le
» Grand-Prêtre prend occasion de faire une

» description de la peste, dont Œdipe étoit
» aussi bien informé, que du nom & de la
» qualité du Grand-Prêtre de Jupiter.

» Tout cela n'est guere une preuve de
» cette perfection où l'on prétendait il y a
» quelques années que Sophocle avait pouſ-
» sé la Tragédie ; & il ne paraît pas qu'on
» ait si grand tort dans ce siecle de refuser
» son admiration à un Poëte qui n'emploie
» d'autre artifice pour faire connaître ses
» personnages que de faire dire à l'un, *je
» m'appelle Œdipe, si vanté par tout le
» monde* ; & à l'autre : *je suis le Grand-
» Prêtre de Jupiter.* Cette grossiereté n'est
» plus regardée aujourd'hui comme une no-
» ble simplicité ».

Cette réflexion seroit vraie si le fait qu'elle suppose était exact. Mais quel nom donner aujourd'hui à la hardiesse de supposer à Sophocle une prétendue grossiereté, afin de remarquer qu'on ne la regarde plus aujourd'hui comme une noble simplicité. Sophocle, au lieu de représenter ses personnages comme ceux des anciennes tapisseries

a iij

de Flandre, avec un rouleau de papier fortant de leur bouche, & fur lequel leur nom était écrit, s'eft écarté des défauts que M. de Voltaire lui reproche, en donnant à fon expofition le fentiment dramatique dont elle était fufceptible : fentiment dont M. de Voltaire s'eft pénétré fi rarement, que non-feulement il l'excite trop peu fouvent ; mais qu'il le méconnut prefque toujours dans les ouvrages animés de ce fentiment.

La fcene s'ouvre, dans Sophocle, par un chœur de Thébains, auquel Œdipe s'adreffe, en lui difant : *Pourquoi ces bandeletes, ces rameaux ? pourquoi cet encens ? Thebes retentit de cris & de prieres. Quel fpectacle pour Œdipe !* Voilà comme il s'annonce aux Spectateurs.

« La defcription de la pefte eft interrom-
» pue par l'arrivée de Créon, frere de Jo-
» cafte, que le Roi avait envoyé confulter
» l'Oracle, & qui commence par dire à
» Œdipe, &c, &c, &c.

On croiroit qu'au groffier début de cette fcene fuccede une vaine déclamation fur la peste. Il s'en faut bien que cela soit ainsi; car le Grand-Prêtre a commencé par dire à Œdipe : *Ces enfants, ces vieillards que vous voyez aux pieds des autels de vos Dieux, moi qui leur offre les sacrifices qu'ils leur présentent, nous venons vous invoquer, vous qui sûtes vaincre le Sphinx par le secours des Dieux. Consultez-les donc, &c. &c.* A quoi Œdipe répond au Grand-Prêtre : *Vos cris me déchirent l'ame, & ne reveillent point ma prudence. Témoin de mes larmes & de mes inquiétudes, vous n'ignorez pas combien j'ai tenté de moyens pour vous soulager. Il en restoit encore un, je ne l'ai point négligé. J'ai envoyé Créon au Temple de Delphes pour apprendre comment je puis sauver mon peuple. Je compte les moments. Hélas! il ne vient point. Funeste délai! cruelle inquiétude! &c. &c. &c.*

Voilà la tournure dramatique que Sophocle a donné à son exposition ; ce qui est d'autant plus remarquable que Sophocle a cherché d'anéantir, ou du moins d'exténuer infiniment un des plus grands défauts attachés à la maniere dont lui & ses imitateurs ont traité le sujet d'Œdipe. Il employa tout l'art possible à pallier ce défaut trop réel, d'avoir employé si tard le moyen qu'il devoit employer dès le premier moment des calamités publiques. Il falloit, sans doute, & sur-tout parmi un peuple aussi religieux que les Grecs, ne pas différer, l'espace de vingt ans, de consulter Apollon sur les fléaux qui duraient depuis ce temps. Je reprends l'examen de M. de Voltaire.

« CRÉON.

» *Seigneur, nous avons eu autrefois un*
» *Roi qui s'appelloit Layus.*

« ŒDIPE.

» *Je le sais, quoique je ne l'aie jamais vû.*

» CRÉON.

» *Il a été assassiné, & Apollon veut que*
» *nous punissions ses meurtriers* ».

M. de Voltaire ôte encore à cette scene toute l'attitude dramatique que Sophocle lui a donnée. Dès qu'Œdipe apperçoit Créon, il s'empresse de lui demander quel est l'oracle qu'il vient de recevoir ; &, aussi-tôt que

Créon a reçu ordre d'Œdipe de dire cet oracle devant le chœur, Créon lui répond : *Ce Dieu déclare nettement qu'il faut, par l'exil ou par la mort, exterminer de cette terre le monstre qu'elle nourrit depuis long-temps, le meurtrier de Layus.* Œdipe demande alors : *Ne revint-il personne de la suite de Layus ?* A quoi Créon répond : *Tout périt, hors un seul homme, que la crainte fit fuir, & qui, de ce qui s'est passé, ne rapporta qu'un fait peu considérable.*

ŒDIPE.

Quel fait ? Ne négligeons rien.

CRÉON.

A l'entendre, Layus succomba sous la main d'une troupe de brigands.

ŒDIPE.

Comment des brigands auroient-ils eu l'audace d'attaquer un Roi, si quelqu'intérêt secret n'eût conduit leurs mains ?

CRÉON.

On soupçonna des intrigues, des embuches. Layus mort n'eut plus de défenseurs.

ŒDIPE.

Qui peut empêcher qu'on ne recherchât les auteurs d'une mort si déplorable ?

CRÉON.

Le Sphinx & ses pieges cruels ; les maux présents & sensibles firent oublier un crime obscur & passé.

ŒDIP.

Hé bien ! je saurai moi le découvrir, &c.

Après avoir arrangé cette scene comme il l'a voulu, M. de Voltaire continue ainsi son examen :

« Il est déjà contre la vraisemblance qu'Œ-
» dipe qui regne depuis si long-temps, ignore
» comment son prédécesseur est mort ; mais
» qu'il ne sache pas même si c'est aux champs
» ou à la ville que ce meurtre a été com-
» mis, & qu'il ne donne pas la moindre
» raison ni la moindre excuse de son igno-
» rance ; j'avoue que je ne connais point de
» terme pour exprimer une pareille absur-
» dité.

» C'est une faute du sujet, dit-on, & non
» de l'Auteur : comme si ce n'était pas à

» l'Auteur à corriger son sujet lorsqu'il est
» défectueux. Je sais qu'on peut me repro-
» cher à-peu-près la même faute : mais aussi
» je ne me ferai pas plus de grace qu'à So-
» phocle ; & j'espere que la sincérité avec
» laquelle j'avouerai mes défauts, justifiera
» la hardiesse que je prends de relever ceux
» d'un Ancien. »

J'ai tellement cru qu'un Auteur devoit corriger son sujet lorsqu'il est défectueux, que j'ai fait mes efforts pour éviter le défaut trop sensible, non pas du sujet réel d'Œdipe, mais le défaut d'invention de tous les Imitateurs de Sophocle.

» Ce qui suit me paraît également éloi-
» gné du sens-commun. Œdipe demande s'il
» ne revint personne de la suite de Layus
» à qui on puisse en demander des nouvelles.
» On lui répond *qu'un de ceux qui accom-*
» *pagnoient ce malheureux Roi, s'étant sau-*
» *vé, vint dire dans Thebes que Layus avoit*
» *été assassiné par des voleurs, qui n'étaient*
« *pas en petit, mais en grand nombre.*

» Comment se peut-il faire qu'un témoin

» de la mort de Layus dife que fon maître
» a été accablé fous le nombre, lorfqu'il eſt
» pourtant vrai que c'eſt un feul homme qui
» a tué Layus & toute fa fuite ? »

Comment M. de Voltaire s'eſt-il permis de paroître auſſi étonné qu'un homme de la fuite de Layus aſſaſſiné dife que fon maître ait été aſſaſſiné par une troupe de brigands ; tandis que c'eſt par ce menfonge qu'il peut cacher la honte de n'avoir pas défendu fon maître, ou la lâcheté de lui furvivre. Sophocle a bien fenti qu'à l'invraifemblance de faire avouer à Phorbas que Layus, accompagné de trois hommes, indépendamment de lui Phorbas, avait été aſſaſſiné par un feul homme. Il détruiroit, par l'accufation de Phorbas contre lui-même, le feul artifice qu'il pût employer pour juſtifier à un certain point fa négligence des recherches fur la mort de Layus, jufqu'au moment qui commence la Tragédie ; négligence qu'il fonde aſſez bien, en préfentant toutes les recherches poſſibles comme devant être inutiles. D'ailleurs, en établiſſant que Layus eſt tué par une troupe de brigands, il écartait de l'esprit d'Œdipe de croire qu'il avoit tué Layus. Enfin, comment M. de Voltaire a-t-il pu traiter avec autant de mépris l'artifice que Sophocle n'emploie que comme un moyen, tandis que M. de Voltaire a quelquefois fait dépendre d'un artifice plus grossier le plan entier d'une Tragédie. Cet artifice de Sophocle parut au contraire si ingénieux à M. de la Mote, que c'est d'après lui qu'il fait dire à son Iphicrate, qui n'est rien autre chose que le Phorbas de Sophocle, *que Layus & sa suite ont péri dans une forêt, sous les efforts d'un lion monstrueux*, ce qui remplissait le but que Sophocle paraît s'être proposé ; celui de fonder la négligence des recherches sur la mort de Layus.

« Pour comble de contradiction, Œdipe
» dit au second acte, qu'il a ouï dire que
» Layus avoit été tué par des voyageurs ;
» mais qu'il n'y a personne qui dise l'avoir
» vu ; & Jocaste, au troisieme acte, en par-
» lant de la mort de ce Roi, s'explique ainsi
» à Œdipe:

» *Soyez bien persuadé, Seigneur, que*
» *celui qui accompagnoit Layus a rapporté*
» *que son maître avoit été assassiné par des*
» *voleurs ; il ne sauroit changer présente-*
» *ment, ni parler d'une autre maniere ; toute*
» *la ville l'a entendu comme moi.*

» Les Thébains auraient été bien à plain-
» dre, si l'énigme du Sphinx n'avait pas été
» plus aisée à deviner que tout ce galimatias.
» Mais ce qui est encore plus étonnant, ou
» plutôt ce qui ne l'est point après de telles
» fautes contre la vraisemblance, c'est qu'Œ-
» dipe, lorsqu'il apprend que Phorbas vit
» encore, ne songe pas seulement à le faire
» chercher, il s'amuse à faire des imprécations
» & à consulter les Oracles, sans donner
» ordre qu'on amene devant lui le seul hom-
» me qui pouvait lui donner des lumieres.
» Le chœur lui-même, qui est intéressé à
» voir finir les malheurs de Thebes, & qui
» donne toujourss des conseils à Œdipe,
» ne lui donne pas celui d'interroger ce
» témoin de la mort du feu Roi ; il le prie
» seulement d'envoyer chercher Tirésie.

M. de Voltaire était bien jeune lorsqu'il s'exprima avec autant de véhémence contre Sophocle. Mais, dans son Commentaire sur l'Œdipe de Corneille, il sut mieux apprécier celui de Sophocle : cependant il faut bien répondre à ce qu'il en avait dit dans ses premieres Lettres.

Premièrement, Créon qui paraît apprendre à Œdipe dans la premiere scene du premier acte, que Layus avoit succombé sous une troupe de brigands, ne lui dit point que ce témoin s'appelle Phorbas, & qu'il vit encore; mais Œdipe qui, dans la même scene, avoit déjà dit à Créon : *ne négligeons rien; souvent la moindre lueur conduit à d'importantes découvertes*, peut & doit se livrer alors à la surprise nouvelle que fait naître en lui le soupçon que quelque intérêt politique a conduit la main des meurtriers de Layus; soupçon sur lequel il est d'autant plus raisonnable de faire insister Œdipe, que Créon, au lieu de le détruire, l'a déjà confirmé, en lui disant : *on soupçonna en effet des intrigues & des embuches*. Enfin, comment M. de Voltaire n'a-t-il pas vu que ce soupçon d'Œdipe contre Créon étoit le fondement raisonnable & dramatique de l'intrigue du sujet qui résulte de l'accusation d'Œdipe contre Créon ; tandis que c'est le peu de fondement qu'a l'accusation contre Philoctete, qui rend ce personnage non-seulement épisodique, mais le plus défectueux qu'il pût mettre sur la scene, puisqu'il introduit dans ce sujet une action double, comme en convient M. de Voltaire lui-même ? Enfin, comment peut-il s'étonner si prodigieusement du peu d'empressement qu'Œdipe a de voir ce témoin de la mort de Layus, lorsqu'il doit avoir fait, après ce que lui a dit Créon, au premier acte, la réflexion que Jocaste lui fait faire au troisieme acte, sur l'inutilité de questionner un témoin qui n'apprendra rien, s'il répete aujourd'hui ce qu'il a dit autrefois à tout Thebes, ou qui apprendra, s'il ne dit pas la même chose, qu'il a menti ou qu'il ment ? Voilà ce que M. de Voltaire appelle un galimatias.

M. de Voltaire n'a pas senti, ou bien il a
voulu

voulu cacher l'art véritablement admirable par lequel Sophocle, après avoir bien fondé en raison le peu d'empressement d'Œdipe pour interroger subitement Phorbas, parvient à se réserver pour la cinquieme scene du quatrieme acte ce Phorbas, qui, très inutile à interroger auparavant, se trouve dramaticalement forcé, par la situation de cette scene, à révéler ce qu'il devait cacher dans toute autre circonstance.

« Enfin Phorbas arrive au quatrieme Acte.
» Ceux qui ne connoissent point Sophocle
» s'imaginent, sans doute, qu'Œdipe, impa-
» tient de connoître le meurtrier de Layus,
» & de rendre la vie aux Thébains, va l'in-
» terroger avec empressement sur la mort
» du feu Roi. Rien de tout cela. Sophocle
» oublie que la vengeance de la mort de
» Layus est le sujet de sa Piece : on ne dit
» pas un mot à Phorbas de cette aventure,
» & la Tragédie finit sans que Phorbas ait
» seulement ouvert la bouche sur la mort
» du Roi son maître. »

b

En vérité, il est incroyable que M. de Voltaire ait osé reprocher à Sophocle d'avoir oublié que la vengeance de la mort de Layus est le sujet de sa Piece; & cela, parceque M. de Voltaire avance, qu'au lieu d'interroger Phorbas avec empressement sur la mort du feu Roi, Œdipe ne dit pas un mot à Phorbas de cette aventure, & que la Tragédie finit sans que Phorbas ait seulement ouvert la bouche sur la mort du Roi son maître. Il étoit bien question de cela, dans l'instant où Sophocle fait entrer Phorbas sur la scene! Il eût été bien impossible à Sophocle de réunir l'absurdité & le ridicule d'une question aussi impertinente. Le temps étoit bien passé où cette question étoit convenable; car Sophocle met Phorbas en scene lorsque le Berger de Corinthe a déjà éclairci le fort d'Œdipe, au point d'être assez évident aux yeux de Jocaste, pour la forcer de s'écrier en s'en allant: *O le plus infortuné des hommes! je te parle pour la derniere fois!* C'est donc dans le moment où le fort d'Œdipe, absolument évident pour Jocaste, ne dépend plus que d'une seule circonstance que peut éclaircir Phorbas ; que M. de Voltaire reproche à Sophocle de n'avoir pas fait demander par Œdipe à Phorbas tout ce qu'Œdipe sait déjà, & tout ce que Phorbas ne sait pas mieux qu'un autre ; & cela, pour négliger d'arracher à Phorbas le seul fait qu'il importe à Œdipe d'apprendre, celui que Phorbas seul peut éclaircir, & qui puisse former la catastrophe de la position cruelle dans laquelle Œdipe se trouve, & qu'il ne peut plus supporter.

Je suis bien tenté d'employer les expressions que M. de Voltaire s'est permises contre Sophocle : *J'avoue que je ne connois point de termes pour exprimer une pareille absurdité.*

« Œdipe, au commencement du second
» acte, au lieu de mander Phorbas, fait
» venir devant lui Tirésie. Le Roi & le
» Devin commencent par se mettre en co-
» lere l'un contre l'autre. Tirésie finit par
» lui dire : *C'est vous qui êtes le meurtrier*
» *de Layus*, &c, &c.

Ce n'est point ainsi que commence le second acte de Sophocle.

Dans la première scene de cet acte, Œdipe annonce au chœur & au peuple assemblé, qu'il ordonne à tous ses sujets de dénoncer l'assassin de Layus, ou ce qu'ils savent sur cet assassinat ; que si la crainte du châtiment empêche le coupable de se déclarer, Apollon a permis qu'il ne fût puni que par l'exil ; que les dénonciateurs seront récompensés, &c. qu'enfin il dévoue aux Dieux infernaux ceux qui, sachant ce secret, ne le révéleraient pas. Mais, comme le chœur sait aussi-bien qu'Œdipe, qu'il y a peu de secours, peu de lumieres à tirer de Phorbas, *il conseille à Œdipe de consulter Tirésie, qui est parmi les hommes ce qu'Apollon est parmi les Dieux.* M. de Voltaire continue ainsi :

« *C'est vous qui êtes le meurtrier de Layus :*
» *vous vous croyez fils de Polibe, Roi de*
» *Corinthe, vous ne l'êtes point, vous êtes*
» *Thébain. La malédiction de votre pere &*
» *de votre mere vous ont autrefois éloigné de*
» *cette terre : vous y êtes revenu ; vous avez*

SUR LES ŒDIPES.

» *tué votre pere; vous avez épousé votre mere;*
» *vous êtes l'auteur d'un inceste & d'un par-*
» *ricide; &, si vous trouvez que je mente,*
» *dites que je ne suis pas Prophête.*

« Tout cela ne ressemble guere à l'ambi-
» guité ordinaire des oracles. Il était difficile
» de s'expliquer moins obscurément ; & si
» vous joignez aux paroles de Tirésie le re-
» proche qu'un ivrogne a fait autrefois à
» Œdipe, qu'il n'était pas fils de Polibe, &
» l'oracle d'Apollon, qui lui prédit qu'il tue-
» rait son pére, & qu'il épouserait sa mere,
» vous trouverez que la Piece est entière-
» ment finie au commencement du second
» acte.

« Nouvelle preuve que Sophocle n'avait
» pas perfectionné son Art, puisqu'il ne
» savait pas même préparer ses événements,
» ni cacher sous le voile le plus mince, la
» catastrophe de ses pieces. »

« Allons plus loin. Œdipe traite *Tirésie*
» *de fou & de vieux enchanteur.* Cependant,
» à moins que l'esprit ne lui ait tourné, il

» doit le regarder comme un véritable Pro-
» phete. Eh ! de quel étonnement & de
» quelle horreur ne doit-il point être frap-
» pé, en apprenant de la bouche de Tiré-
» fie tout ce qu'Apollon lui a prédit autre-
» fois ? Quel retour ne doit-il point faire
» sur lui-même, en découvrant ce rapport
» fatal qui se trouve entre les reproches
» qu'on lui a faits à Corinthe, qu'il était un
» fils supposé, & les Oracles de Thèbes,
» qui lui disent qu'il est Thébain ; entre
» Apollon qui lui a prédit qu'il épouserait
» sa mere, & qu'il tuerait son pere ; & Ti-
» résie qui lui apprend que ses destins af-
» freux sont remplis ? Cependant, comme
» s'il avait perdu la mémoire de ces événe-
» ments épouvantables, il ne lui vient d'au-
» tre idée que de soupçonner Créon, *son*
» *fidele & ancien ami*, (comme il l'appelle),
» d'avoir tué Layus, & cela sans aucune
» raison, sans aucun fondement, sans que
» le moindre jour puisse autoriser ses soup-
» çons, &, (puisqu'il faut appeller les cho-
» ses par leur nom) avec une extravagance

„ dont il n'y a guere d'exemples parmi
„ les modernes, ni même parmi les an-
„ ciens. „

On va voir dans l'inftant, avec quelle extravagance inouie parmi les anciens ; &, en vérité, peu commune parmi les modernes, M. de Voltaire fuppofe dans Sophocle tout ce qui n'eft pas, & rejette de fon extrait de la Tragédie de Sophocle, ce que ce grand Poëte n'a pas manqué d'y exprimer.

Il faut fe rappeller, pour juger cette fcene, qu'Œdipe, dès le commencement du premier Acte, laiffe entrevoir qu'il foupçonne Créon d'être l'auteur des *intrigues* & des *embûches* qui ont préparé la mort de Layus. Ainfi, au lieu d'être confondu d'entendre de la bouche de Tiréfie ce qu'il favait déjà par la bouche plus impofante de l'Oracle d'Apollon, tout ce que lui avait dit Tiréfie d'inquiétant, dans le commencement de la fcene, pouvait faire penfer à Œdipe que ce vieil enchanteur était gagné par Créon. Idée fi naturelle, que Corneille l'a adoptée dans fon

b iv

Œdipe, parceque son Thésée, Amant & aimé de Dircé, fille de Layus, qui a les mêmes droits au Trône de Layus, que Créon transmettant ces droits à Thésée, lui fait jouer dans Corneille le même personnage Dramatique que celui de Créon dans Sophocle ; & qu'enfin, cette idée, qui révolte si fort maintenant M. de Voltaire, il l'a adoptée dans son Œdipe, sur le seul fondement de la possibilité de corrompre les Prêtres des Dieux.

M. de Voltaire passe ensuite à l'examen de la scene du troisieme Acte, entre Œdipe & Créon, qu'il rend aussi seche, aussi absurde & aussi ridicule qu'il peut. Mais, pour abréger une discussion nécessairement déjà trop longue, je dirai seulement que cette scene est remplie par l'accusation d'Œdipe contre Créon, & par la défense de Créon. Discussion assez vive pour que le cœur s'entremette entre ces Princes. Dans cet instant Jocaste entre sur la scene : elle apprend par Œdipe, que *Créon l'accuse du meurtre de Layus ; qu'il a suborné l'artificieux Ti-*

réfias ; & qu'il ne tient pas à lui de soulever les Thébains.

M. de Voltaire se contente, en parlant de cette scene, de dire que c'est dans cette scene qu'Œdipe raconte à Jocaste « qu'un
» jour un homme ivre lui reprocha qu'il
» était un fils supposé; que, s'en étant plaint
» à Polibe son pere, & à Mérope sa mere,
» ils en furent très fâchés ; que ce repro-
» che étant demeuré sur son cœur, il par-
» tit pour consulter l'oracle de Delphes,
» & qu'Apollon, au lieu de lui répondre
» précisément, lui apprit qu'il seroit le
» meurtrier de son pere. Voilà, s'écrie M.
» de Voltaire, la piece finie. On avoit fait
» à Œdipe & à Jocaste les mêmes prédic-
» tions ; Jocaste avait fait exposer son fils sur
» le mont Cithéron & lui avait fait percer
» les talons ; On avait reproché à Œdipe de
» n'être pas le fils de Polibe. Tout cela n'est-
» il pas pour eux une démonstration de leurs
» malheurs ; & n'y a-t-il pas un aveuglement
» ridicule à en douter ?

« Tant d'ignorance dans Œdipe & dans

„ Jocaste n'est qu'un arrtifice grossier du
„ Poëte, qui, pour donner à sa Piece une
„ juste étendue, fait filer jusqu'au cinquie-
„ me Acte une reconnaissance déjà mani-
„ festée au second, & qui viole les regles
„ du sens commun, pour ne pas manquer
„ en apparence à celles du Théâtre.

„ Cette faute subsiste dans tout le cours
„ de la Piece.

„ Enfin celui qui a autrefois exposé Œdi-
„ pe, arrive sur la scene. Œdipe sait donc
„ enfin tout son sort au quatrieme Acte.
„ Voilà donc encore la Piece finie. „

Il faut convenir de la vérité de la plupart de ces remarques, & que Sophocle
mérite plus cette sévere censure que tous ses
imitateurs, par la circonstance d'avoir fait
percer les talons d'Œdipe, en l'exposant.
Circonstance si rare que, si elle n'éclaircis-
sait pas absolument Œdipe sur son destin,
elle devait troubler son esprit au point de
lui faire rejetter absolument toute espece
d'espoir. Ce défaut si essentiel était cependant si facile à éviter en lui-même, que, si

les imitateurs de Sophocle n'y sont pas tombés, il faut croire qu'étant consacré dans l'esprit des Grecs, Sophocle n'a pas pu l'ôter de son sujet. Mais tous les autres reproches que M. de Voltaire fait contre Sophocle sont infiniment plus choquants dans les autres Œdipes que dans le sien. Ce qui résulte d'une maniere sensible, par l'extrait de la belle scene de Sophocle dont M. de Voltaire donne ici une idée ridicule ; tandis qu'étant peut-être la plus belle scene de théâtre, il l'a traduite, quoiqu'il prétende n'en avoir pris que l'idée : & que cette scene ait fait le succès de sa piece, quoiqu'il l'ait gâtée d'une maniere incroyable, en changeant l'attitude dramatique des mêmes personnages que Sophocle. Voici comme Sophocle avait posé Œdipe & Jocaste dans cette scene :

Lorsqu'Œdipe apprend à Jocaste *qu'il accuse Créon d'avoir suborné Tirésias pour répandre contre lui des soupçons qui peuvent soulever son peuple.*

Écartez ces vaines terreurs, lui répond Jocaste ; *rejettez les discours du Devin : il* n'en est point de véridique sur la terre. Vous devez m'en croire, & j'en dus être cruellement convaincue. On prédit autrefois à Layus qu'il serait tué par son fils ; & cependant le bruit unanime est que Layus succomba où se réunissent les chemins de Delphes à Daulis, sous les mains des brigands. Je mis au monde ce fils redoutable. Trois jours après sa naissance Layus lui fit percer les pieds, & le fit exposer sur une montagne écartée. Il m'en coûta mon fils ; mais les Oracles lui avaient prédit vainement un autre sort.

De là naissent dans l'ame d'Œdipe les terreurs que Jocaste en voulait éloigner, & qu'Œdipe porte au point d'avouer, comme on vient de le voir dans l'examen de M. de Voltaire, *qu'un jour un homme ivre lui ayant reproché de n'être pas fils de Polybe & de Mérope, il avait été consulter l'Oracle d'Apollon sur son sort ; qu'il lui avait appris qu'il serait le meurtrier de son pere & l'époux de sa mere ; que les fuyant alors, il arrive à l'endroit où Jocaste venoit de lui apprendre que Layus avait été assassiné*, &c. &c.

Dès ce moment il se croit le meurtrier de Layus ; il frémit de souiller la couche de Layus qu'il a massacré ; il veut fuir Thebes ; il tremble de s'approcher de Polibe & de Mérope ; & ne commence à se rassurer que lorsque le chœur l'invite à ne pas s'abandonner à son désespoir, avant d'avoir vu le Berger qui fut témoin de la mort de Layus, & qui seul, par conséquent, pouvait reconnoître l'assassin de Layus. Enfin, Œdipe ne se calme qu'en s'abandonnant à la réflexion consolante de Jocaste, sur l'impossibilité que ce Berger, qui a déjà dit que Layus succomba sous la main de brigands, mérite aucune crédulité, s'il ose maintenant dire le contraire.

L'on voit que ce qui rend cette scene si dramatique, c'est qu'elle naît naturellement de la position où se trouve déjà Œdipe ; & que tout ce que dit Jocaste pour éloigner de lui de vaines inquiétudes, est précisément ce qui les porte à leur comble : au lieu que M. de Voltaire, ayant interrompu le trouble qu'éprouvait Œdipe à la derniere scene du troisieme acte, pour avoir un quatrieme acte à remplir, par les éclaircissements qui étaient la suite indispensable des premieres alarmes d'Œdipe, le fait reparaître à froid sur la scene : ce qui jette sur le dialogue entre Œdipe & Jocaste la tournure insipide & languissante d'interrogations : & lui ôte par conséquent l'oscillation dramatique, nécessaire au grand effet que les mêmes choses produisent dans Sophocle. Parcequ'il n'a pas refroidi le mouvement naturel de la situation d'Œdipe, en le coupant par la séparation d'un acte; & cela, pour faire rentrer au commencement du quatrieme acte Œdipe & Jocaste, qui formaient la derniere scene du troisieme acte.

Sur de simples soupçons qu'Œdipe confie à Jocaste, dans la premiere scene du quatrieme acte de M. de Voltaire, Jocaste ne manque pas de lui dire :

» Eh quoi ! votre vertu ne vous rassure pas ?

A quoi Œdipe répond :

» Madame, aux noms des Dieux, sans vous parler du reste,
» Quand Layus entreprit ce voyage funeste,
» Avait-il près de lui des gardes, des soldats ?

Je ne crois pas qu'on puiſſe répandre plus sûrement le froid mortel de l'inſipidité, & préparer plus de roideur au dialogue de la ſcene la plus dramatique en elle-même.

C'eſt en finiſſant ce plaiſant examen de la Piece de Sophocle, que M. de Voltaire dit encore plus plaiſamment: *J'avoue que peut-être ſans Sophocle je ne ſerais jamais venu à bout de mon Œdipe.* Nous verrons bientôt ce qu'il appelle ſon Œdipe. *Je lui dois l'idée de la premiere ſcene de mon quatrieme acte. Celle du Grand-Prêtre, qui accuſe le Roi, eſt entièrement de lui.* C'eſt cependant celle ſur laquelle, en parlant de Tiréſie, qui repréſente dans Sophocle, le Grand-Prêtre, M. de Voltaire a jetté ce qu'il a pu concevoir de plus ridicule & de plus abſurde. *La ſcene des deux Vieillards lui appartient encore. Je voudrois lui avoir d'autres obligations, je les avouerois avec la même bonne foi: il eſt vrai que, comme je lui dois des beautés, je lui dois auſſi des fautes; & j'en parlerai dans l'examen de ma Piece, où j'eſpere vous rendre compte des miennes.* C'eſt alors que j'examinerai auſſi ce que M. de Voltaire appelle *les obligations* qu'il doit à Sophocle, & les beautés & les fautes qu'il en a empruntées. Il passe à l'examen de l'Œdipe de Corneille, & s'exprime ainsi :

« Corneille sentit bien que la simplicité, ou plutôt la sécheresse de la Tragédie de Sophocle, ne pouvait fournir toute l'étendue qu'exigent nos Pieces de Théâtre. On se trompe fort lorsqu'on pense que tous ces sujets, traités autrefois avec succès par Sophocle & par Euripide, l'*Œdipe*, le *Philoctete*, l'*Electre*, l'*Iphigénie en Tauride*, sont des sujets heureux & aisés à manier ; ce sont les plus ingrats & les plus impraticables ; ce sont des sujets d'une ou deux scenes tout au plus, & non pas d'une Tragédie. » Je conviens que ces sujets ne donnent pas une Tragédie à-peu-près toute faite, comme l'histoire en a fourni quelques-unes, telles que *Rodogune*, que Corneille a tirée d'Appian Alexandrin ; telles que *Cinna*, puisque Corneille avoue dans l'examen de cette Piece *que rien n'y contredit*

contredit l'histoire ; telles que *Britannicus*, puisque Racine paraît avoir écrit cet ouvrage avec la plume de Virgile, sous la dictée de Tacite. J'en dirais encore autant d'*Athalie*, dont la grande masse du sujet & même la forte indication des personnages ont été données à Racine par les Ecritures Saintes; avec cette différence cependant que Corneille ne dut employer la force de son invention dans le sujet de *Rodogune*, que dans la maniere de l'exécuter, parceque l'histoire lui avoit donné tout le fonds de l'action ; au lieu que dans *Cinna*, & dans *Athalie*, Corneille & Racine durent employer toute leur invention & toute leur profonde connaissance dramatique, pour composer le corps de leur action des membres qu'ils trouverent épars dans l'histoire. Travail infiniment plus difficile, non seulement que celui de faire une Tragédie romanesque, d'après un Roman, mais qui suppose infiniment plus de talent dramatique qu'il n'en faut pour créer une Tragédie entiere, d'après, non pas une scene quelconque des sujets de l'antiquité, mais d'après la catastrophe d'un sujet quelconque.

Œdipe, *Philoctete*, ne présentent que de belles scenes, mais vagues, & dont l'attitude particuliere, dépendant trop peu de l'action générale qui les renferme, rend par conséquent plus difficile de composer l'ensemble de l'action dans laquelle ces scenes doivent se trouver. Mais quand une scene renferme la catastrophe complete de l'action, telle que le dénouement d'*Iphigénie en Tauride*; vous pouvez remonter encore plus facilement de cet effet dramatique à la cause qui l'a dû produire, que vous auriez pu descendre à cet effet, si vous aviez d'abord tenu la cause qui l'a fait naître. Soit qu'un Sculpteur possede la tête d'Hercule Pharnèze, ou bien seulement un pied de cette statue, il peut à-peu-près également composer l'ensemble de cette statue. Et le comble du mauvais goût seroit, s'il n'a que la tête de cette statue, de la mettre fur le corps d'un Apollon, ou s'il n'en a que les pieds, de finir fa figure par la tête d'une femme.

» *Humano capiti cervicem Pictor equinam*
» *Jungere si velit* . . . .

Le comble de la perfection dans une Tragédie, feroit que chacune des fcenes qui la compofent eût tellement le caractere de l'action totale, qu'une de ces fcenes quelconque pût faire retrouver l'enfemble de l'action dans laquelle elle eft comprife, à un Poëte dramatique : comme l'attitude, la force, ou la molleffe d'un feul doigt de la main, auroit peut-être fait retrouver à Bouchardon la proportion de la figure entiere, dont il n'avait qu'une fi petite partie.

Mais l'on fent qu'il n'eft poffible d'atteindre à cette perfection toujours defirable dans l'art dramatique, comme dans l'art de la Sculpture, que dans les fujets les plus violents, & par conféquent le plus fortement prononcés; tel, par exemple, que le *Laocoon*, ou *Rodogune* : mais que plus les fujets font doux &

tendres, plus l'expression de tous leurs détails est nécessairement vague, & tient d'autant moins du caractere général de l'ensemble, que chacun de ces détails a le caractere modéré qui lui est propre. Enfin il faut remarquer la différence essentielle qu'il y a dans les arts : & cette différence fera sentir en quoi la comparaison que nous venons d'employer pour nous rendre intelligibles, manque cependant de la justesse nécessaire pour faire comprendre exactement notre idée. Par exemple, un Architecte jugera bien, par un fragment un peu considérable d'une colonne, de la proportion que devoit avoir cette colonne entiere, parcequ'il y a un très petit nombre de loix fixes pour faire retrouver la proportion générale d'une colonne : ce qui existe aussi dans la Sculpture. Mais quoique la justesse du jugement & la finesse du goût aient fait convenir tous les Poëtes dans tous les siecles, qu'une action dramatique doit être une, il s'en faut bien qu'Aristote ait trouvé les loix de cette unité, & que Corneille, qui les sentit si bien, & qui les exécuta si heureusement dans *Cinna*, les ait expliquées d'une maniere incontestable dans son Discours sur la Tragédie, & dans son Discours des Trois Unités, puisque la controverse établie entre M. de la Mote & M. de Voltaire, au sujet de ces loix de l'art dramatique, que Corneille avait eu l'intention d'établir dans ces Discours, prouve que ni M. de la Mote, ni M. de Voltaire n'entendaient pas de la même maniere ce que Corneille avait voulu dire; ou qu'ils ne s'entendoient pas eux-mêmes. Mais, au lieu de rendre le public juge de cette dispute entre M. de la Mote & M. de Voltaire, nous continuons avec lui son examen sur l'Œdipe de Corneille.

Après avoir dit *que les sujets de l'antiquité sont les plus ingrats & les plus impraticables ; qu'ils fournissent une ou deux scenes tout au plus, & non pas une Tragédie*, il continue ainsi : « Je sais qu'on ne peut
» guere voir sur le théâtre des événements

» plus affreux ni plus attendrissants; & c'est
» cela même qui rend le succès plus difficile.
» Il faut joindre à ces événements des pas-
» sions qui les préparent : si ces passions sont
» trop fortes, elles étouffent le sujet; si elles
» sont trop foibles, elles languissent. »

C'est le sujet qui doit déterminer aussi absolument la force & le caractere des passions
qu'il faut employer en le traitant, que la
forme d'une flûte ou d'un gros tuyau d'orgue
détermine nécessairement la quantité d'air
qui est nécessaire à ces instruments pour leur
faire rendre les sons qui leur sont propres;
de sorte que cette réflexion de M. de Voltaire, qui paraît si claire & si juste, se réduit
à l'absurdité que supposerait l'embarras de
faire passer dans une flûte un torrent d'air,
ou bien d'y soupirer seulement. *Sint conve-
nientia quæque.*

« Il fallait que Corneille marchât entre
» ces deux extrémités, & qu'il suppléât, par
» la fécondité de son génie, à l'aridité de
» la matiere. Il choisit donc l'épisode de

» Théfée & de Dircé, quoique cet épifode
» ait été univerfellement condamné, quoi-
» que Corneille eût pris depuis long-temps
» la glorieufe habitude d'avouer fes fautes,
» il ne reconnut point celle-ci ; & parceque
» cet épifode était tout entier de fon inven-
» tion, il s'en applaudit dans fa préface ;
» tant il eft difficile aux plus grands Hom-
» mes, & même aux plus modeftes, de fe
» fauver des illufions de l'amour-propre. »

Tout ce que dit ici M. de Voltaire contre Corneille dépend de la rigueur extrême avec laquelle Corneille donna le nom d'épifode aux perfonnages de Théfée & de Dircé, & de l'étonnante méprife où tombe M. de Voltaire en croyant que l'épifode qu'ils forment dans le fujet d'Œdipe était tout entier de l'invention de Corneille, qui, au lieu de dire qu'il l'avait inventé, fe contente d'en parler comme *d'un épifode heureux qu'il avait introduit dans ce fujet*, parceque Corneille avait trop de génie dramatique pour ne pas fentir que fon perfonnage de Dircé était dramaticalement le même que Créon. Sa Dircé a les mêmes droits au trône de Layus que le Créon de Sophocle; &, comme Dircé ne peut pas être accusée d'avoir assassiné Layus, comme Créon en est accusé dans Sophocle, & que les droits de Dircé au trône ne peuvent pas inquiéter autant Œdipe que les mêmes droits dans la personne de Créon; Corneille, à ce qu'il me semble du moins, a eu grande raison de séparer ce Créon dans le personnage de Dircé & dans celui de Thésée : personnages qu'il réunit par leur amour, & en donnant à Thésée, par son hymen avec Dircé, les droits qu'elle a au trône : droits qui deviennent encore plus inquiétants pour l'Œdipe de Corneille, que pour l'Œdipe de Sophocle. Il a partagé entre deux Acteurs le même personnage. De sorte que ces personnages sont essentiels au corps de l'action, telle que Corneille l'a traitée après Sophocle. De sorte qu'ils sont aussi peu épisodiques que Philoctete l'est absolument. De sorte que Corneille ne protégeait pas son prétendu épisode, parcequ'il était de son invention, mais parcequ'il donnait modestement le titre d'épisode à un très bon moyen dramatique qu'avaite mployé Sophocle, & dont il avait tiré meilleur parti que Sophocle.

« Il faut avouer que Théfée joue un étran-
» ge rôle pour un héros : au milieu des maux
» les plus horribles dont un peuple puisse
» être accablé, il débute par dire que:

» Quelque ravage affreux que fasse ici la peste,
» L'abfence aux vrais amants est encor plus funeste.

Il est tellement choquant de voir un homme de l'âge qu'avait M. de Voltaire lorsqu'il s'établissait le critique de Sophocle & de Corneille, leur supposer toujours les sottises qu'ils n'ont pas dites, & ne jamais rendre compte de ce qu'ils ont dit réellement ; que, craignant de condamner dans les premieres éditions de sa jeunesse, ce qu'il aurait pu supprimer dans celles qu'il imprimait quarante ans après ; j'ai cherché dans une édition complete de ses Œuvres, faite en 1770, les changements que je croyois trouver dans les examens dont nous parlons. M. de Voltaire n'y a pas fait la plus légere correction. Je suis fâché d'avoir à reprocher à l'Auteur de *Mahomet* d'avoir adopté les témérités de l'Auteur d'*Œdipe*.

Ce n'est pas ainsi que commence Thésée ; mais en ouvrant la scene avec Dircé, il s'exprime ainsi :

« N'écoutez plus, Madame, une pitié cruelle,
» Qui d'un fidéle amant vous ferait un rebelle :
» La gloire d'obéir n'a rien qui me soit doux,
» Lorsque vous m'ordonnez de m'éloigner de vous.
» Quelque ravage affreux qu'étale ici la peste,
» L'absence aux vrais amants est encor plus funeste ;
» Et d'un si grand péril l'image s'offre en vain,
» Quand ce péril douteux épargne un mal certain.

J'ose dire que voilà précisément ce que Racine eût exprimé en ne faisant pas rimer *peste* avec *funeste* ; mais qu'en employant l'expression *mort* ou *fléau mortel*, il auroit exprimé l'idée qu'il avait déjà peinte cent fois ; que l'absence est plus funeste aux vrais amants qu'une mort incertaine : idée très vraie dans la bouche de Thésée.

» Cependant l'ombre de Layus demande
» un Prince ou une Princesse de son sang
» pour victime. »

Cela n'est pas vrai : ce n'est que dans la troisieme scene du second acte que Dircé apprend à Nérine que si les Dieux jusqu'ici se sont obstinés au silence sur la cause des maux publics, Jocaste, qui a su forcer Tirésie d'évoquer l'ombre de Layus, vient enfin de déclarer qu'en sa présence, ainsi qu'en celle de Thésée & d'Æmon, l'ombre de Layus a prononcé :

» Et la fin de vos maux ne se feront point voir
» Que mon sang n'ait fait son devoir.

« Dircé, seul reste du sang de ce Roi,
» est prête à s'immoler sur le tombeau de son
» pere : Thésée, qui veut mourir pour elle,
» lui fait accroire qu'il est son frere, & ne
» laisse pas de lui parler d'amour, malgré
» la nouvelle parenté. »

Mais Thésée feint d'être Œdipe, afin de sauver par sa mort, celle de Dircé ; à laquelle il parle toujours d'amour, parcequ'il sait qu'il est dans le destin d'Œdipe de brûler d'un amour incestueux.

« Cependant, qui le croirait ? Thésée, dans cette même scene, se lasse de son stratagême. Il ne peut plus soutenir davantage le personnage de frere, & sans attendre que le frere de Dircé soit connu, il lui avoue toute la feinte, & la remet par-là dans le péril dont il voulait la tirer, en lui disant pourtant:

» Que l'amour, pour défendre une si chere vie,
» Peut faire vanité d'un peu de tromperie.

Premièrement, on ne sait de quelle scene parle M. de Voltaire. La scene où sont les deux vers qu'il vient de citer est la premiere du quatrieme acte, à laquelle il saute subitement, de la seconde du premier acte, où il était tout à l'heure. C'est pendant ce long intervalle, que Thésée, qui ne peut plus vivre si Dircé remplit le sort auquel elle paraît trop évidemment condamnée par l'ombre de Layus, imagine, en se dévouant à la mort sous le nom d'Œdipe, conserver au moins la vie de Dircé ; & Théfée n'avoue à Dircé fon ftratagême que lorfqu'il a fu qu'en fe dégageant de la néceffité où il étoit auparavant de fe dévouer, en qualité d'Œdipe ; il peut conferver l'efpérance de vivre avec Dircé, parcequ'en lui apprenant qu'il n'eft plus Œdipe, il peut lui apprendre que ce fils de Layus eft exiftant.

Phorbas l'a confeffé.

C'eft par Tiréfie qu'on a fu qu'Œdipe refpire en ces lieux. Cela reffemble-t-il à l'abfurdité que M. de Voltaire fuppofait à Corneille, en s'écriant : *cependant, qui le croirait ? Théfée dans cette même fcene fe laffe de fon ftratagême*, &c.

On vient de voir pourquoi Théfée avait imaginé ce ftratagême, le parti ingénieux que Corneille en a tiré, & la circonftance raifonnable dans laquelle il le lui fait avouer à Dircé.

« Enfin, lorfqu'Œdipe reconnaît qu'il eft
» le meurtrier de Layus, Théfée, au lieu
» de plaindre ce malheureux Roi, lui pro-

» pose un duel pour le lendemain ; il épouse
» Dircé à la fin de la Piece : & ainsi la pas-
» sion de Théfée fait tout le sujet de la Tra-
» gédie, & les malheurs d'Œdipe n'en sont
» que l'épisode. »

Sans doute, Corneille a donné la tournure très ridicule d'un cartel à une menace parfaitement raisonnable. Dans le moment qu'Œdipe est convaincu d'être le meurtrier de Layus, il n'est pas convaincu d'en être le fils, de sorte que Théfée peut & doit lui dire :

» Seigneur, je suis le frere ou l'amant de Dircé.

Et qu'Œdipe peut lui répondre :

» Prince, je vous entends, il faut venger ce pere,
» &c, &c, &c.
» Puisque de nos malheurs la fin ne se peut voir,
» Si le sang de Layus ne remplit son devoir.

Sans doute, il n'étoit pas nécessaire qu'il finît par une rodomontade. Mais comment M. de Voltaire conclut-il de cela, " que la
» passion de Théfée fait tout le sujet de la
» Tragédie, & que les malheurs d'Œdipe

» *n'en sont que l'épisode* »? Le nœud, l'intrigue de la fable de Corneille consiste à savoir si Thésée n'est pas Œdipe. Ainsi, bien loin que la passion de Thésée pour Dircé soit épisodique dans ce sujet, l'amour de Thésée pour Dircé, qui pourrait être épisodique, ou qui pourrait former une double action dans le sujet d'Œdipe, constitue au contraire, par l'art admirable de Corneille, l'unité de cette action : en ce que cet amour contribue à faire penser que Thésée n'est qu'Œdipe, brûlant de l'amour incestueux qu'il doit éprouver, quoique réellement ce soit pour Jocaste qu'Œdipe doit brûler d'un amour incestueux. Mais Thésée n'en croit rien.

« Dircé, personnage plus défectueux que
» Thésée, passe tout son temps à dire des
» injures à Œdipe & à sa mere; elle dit à
» Jocaste, sans détour, qu'elle est indigne de
» vivre. »

L'extrait de la piece que nous avons été forcés de substituer au prétendu examen qu'en fait M. de Voltaire, suffira pour prouver au lecteur que le personnage de Dircé, au lieu d'être plus défectueux que celui de Théfée, se confondant avec lui, contribue aussi essentiellement au nœud & à l'intrigue de ce sujet, que celui de Créon dans Sophocle.

« Pour Jocaste, dont le rôle devrait être
» intéressant, puisqu'elle partage tous les
» malheurs d'Œdipe, elle n'en est pas même
» le témoin ; elle ne paraît point au cin-
» quieme acte, lorsqu'Œdipe apprend qu'il
» est son fils : en un mot, c'est un personnage
» absolument inutile, qui ne sert qu'à rai-
» sonner avec Théfée, & à excuser les inso-
» lences de sa fille. »

Nous verrons, non pas, dans l'examen que M. de Voltaire fait de son Œdipe, mais dans celui que j'en ferai, le parti qu'il a pu tirer de cette Jocaste ; & l'on pourra comparer alors les Jocastes de Sophocle, de Corneille & de Voltaire.

« Finissons par examiner le rôle d'Œdipe,
» & avec lui la contexture du Poëme.

« Il

» Il commence par vouloir marier une de
» ses filles, avant que de s'attendrir sur les
» malheurs des Thébains; bien plus con-
» damnable en cela que Thésée, qui, n'é-
» tant point chargé comme lui du salut de
» tout ce peuple, peut sans crime écouter
» sa passion. »

Premièrement le reproche que M. de Voltaire fait à Œdipe de vouloir marier une de ses filles, avant de s'attendrir sur les Thébains, est bien peu fondé, puisque leurs malheurs durent depuis vingt ans, & qu'il faut que la peste qui les cause depuis vingt ans, fût bien peu meurtriere, puisqu'elle dure depuis si long-temps sans avoir absolument dépeuplé Thebes: qui, cependant, se fût absolument dépeuplée pendant la longue durée de ce fléau, si les générations ne s'étaient pas renouvellées par des mariages.

Secondement, M. de Voltaire parle de cette envie d'Œdipe de marier sa fille, d'une maniere qui la rend absurde ou ridicule, tandis qu'Œdipe s'exprime ainsi:

« La mort du Roi mon pere à Corinthe m'appelle ;
» J'en attends aujourd'hui la funeste nouvelle,
» Et je hasarde tout à quitter les Thébains
» Sans mettre ce dépôt en de fideles mains,
» Æmon seroit pour moi digne de la Princesse.
» S'il a de la naissance, il a quelque foiblesse ;
» Et le peuple du moins pourrait se partager,
» Si dans quelqu'attentat il osoit s'engager :
» Mais un Prince voisin, tel que tu vois Thésée,
» feroit de ma couronne un conquête aisée,
» Si d'un pareil hymen le dangereux lien
» Armoit pour lui son peuple, & soulevoit le mien. »

Voilà pourquoi Œdipe pense à marier sa fille, la refuse à Thésée, & veut la donner à Æmon.

« Cependant, comme il falloit bien dire
» au premier acte quelque chose du sujet de
» la Piece, on en touche un mot dans la
» cinquieme scene. Œdipe soupçonne que
» les Dieux sont irrités contre les Thébains,
» parceque Jocaste avait autrefois fait ex-
» posé son fils, & trompé par-là les ora-
» cles des Dieux, qui prédisaient que ce fils
» tueroit son pere & épouseroit sa mere.

» Il me semble qu'il doit croire plutôt que
» les Dieux sont satisfaits que Jocaste ait

« étouffé un monstre au berceau ; & vrai-
» semblablement, ils n'ont prédit les crimes
» de ce fils, qu'afin qu'on l'empêchât de les
» commettre.

» Jocaste soupçonne avec aussi peu de fon-
» dement que les Dieux punissent les Thé-
» bains de n'avoir pas vengé la mort de
» Layus ; elle prétend qu'on n'a jamais pu
» venger cette mort. Comment donc peut-
» elle croire que les Dieux la punissent de
» n'avoir pas fait l'impossible ? »

Je ne pense pas comme M. de Voltaire ;
mais au lieu de penser que Corneille a raison, parce que je crois qu'il l'a ; ou de croire
que je ne me trompe pas, parcequ'il me semble que Corneille ne s'est pas trompé ; je
conviens que la critique de M. de Voltaire
peut se soutenir, quoiqu'il ne soit pas vraisemblable que les Dieux n'aient révélé le
destin d'Œdipe à Layus & à Jocaste, que
pour l'y soustraire ; parce qu'il n'est pas vrai
qu'on puisse se dérober à son destin ; & par
conséquent, Œdipe peut reprocher à Jocaste
d'avoir attiré la colere du destin, en essayant

de se souftraire à ses decrets ; & Jocaſte peut ſoutenir,

» Que Thebes de ces maux ne ſe voit afſiégée
» Que pour la mort du Roi, que l'on n'a pas vengée.

Il eſt vrai que ſi Œdipe lui répond : *qu'on ne pouvait pas punir des brigands inconnus ;* Corneille devait d'autant plus ſe garder de lui faire dire dans cette ſcene, *que d'après le rapport des temps & des lieux, il croit avoir tué deux des aſſaſſins de Layus & mis l'autre aux abois ;* car c'eſt ce même Œdipe, qui, à la quatrieme ſcene du quatrieme acte, voulant convaincre Phorbas qu'il était le brigand, qu'il avait bleſſé, ſe reſſouvient d'une maniere ſi étonnante du ridicule portrait des deux autres compagnons de Phorbas ; qu'on voit que Corneille n'a réellement interrompu cette ſcene entre Œdipe & Jocaſte, que pour ne pas finir la Tragédie au premier acte.

C'eſt le même genre de faute que celle où M. de Voltaire eſt tombé, en coupant par la ſéparation du troiſieme au quatrieme acte de ſa Piece, la ſcene entre Œdipe & Jocaſte.

En parlant de cette scene du quatrieme acte, entre Œdipe & Phorbas; M. de Voltaire demande, *à quoi ressemble l'acte gigantesque d'Œdipe qui tue trois hommes tout seul, dans Corneille, & qui en tue sept dans Sophocle.* Je lui réponds qu'il n'en a tué que quatre dans Sophocle; & j'ose l'assurer positivement sur le témoignage de Jocaste qui s'exprime ainsi dans Sophocle, scene quatrieme, acte troisieme.

Cinq personnes faisoient toute l'escorte de ce Roi populaire, encore le Héros étoit-il de ce nombre.

Or Phorbas qui était de ce nombre, revint à Thebes. Donc l'acte gigantesque d'Œdipe dans Sophocle se réduit à combattre cinq personnes, & par conséquent, à n'en pas tuer sept.

D'ailleurs, s'il est déjà assez gigantesque, qu'Œdipe lui seul tue quatre hommes; pour éviter ce défaut, M. de Voltaire tombe dans l'invraisemblance encore plus forte, de faire voyager Layus dans son royaume avec Phorbas seul. On verra que si je le fais aussi quitter Thebes sans suite, ce n'est pas pour visiter son Empire. Je suppose que dans son effroi, Layus est allé consulter l'oracle d'Apollon. Ce Dieu, sous le nom d'Apollon Lycien, avoit un temple près de Thebes, & c'étoit peut-être dans ce temple qu'il étoit allé.

« Il fallait que Corneille n'eût point du
» tout lu Sophocle, ou qu'il le méprisât beau-
» coup, puisqu'il n'a rien emprunté de lui,
» ni beautés ni défauts.

Si d'après cette remarque judicieuse, le lecteur ne peut pas conclure que M. de Voltaire n'ait pas lu Sophocle, quoiqu'il lui fasse dire précisément le contraire de ce qu'il dit; il conclura apparemment que M. de Voltaire avait encore moins de respect pour la vérité, qu'il n'en suppose à Corneille pour Sophocle.

« Cependant, comment se peut-il faire
» qu'Œdipe seul ait tué Layus, & que Phor-
» bas qui a été blessé à côté de ce Roi, dise
» pourtant qu'il a été tué par des voleurs? »

On ne doit pas être étonné que M. de

Voltaire porte l'horreur qu'il a pour le mensonge, au point de se prêter avec répugnance à cette fiction dramatique. Mais il est étonnant qu'il ait assez peu & assez mal lu Sophocle pour oser dire, l'alinéa qui précede celui que nous venons de voir, que Corneille n'a point lu du tout Sophocle, ou le méprisoit beaucoup, puisqu'il n'en emprunta ni beautés ni défauts, tandis que le défaut qu'il reproche ici à Corneille, est un de ceux qu'il a déjà reprochés à Sophocle dont Corneille l'a emprunté.

« Cette petite tromperie de Phorbas devait-
» elle être le nœud de la Tragédie d'Œdipe,
» Il s'est pourtant trouvé des gens qui ont
» admiré cette puérilité ; & un homme distingué à la Cour par son esprit, m'a dit
» que c'étoit là le plus bel endroit de Corneille. »

J'ai connu sous le feu Roi, quelques-uns de ces gens distingués à la Cour par leur esprit, & très confondus à Paris avec les sots de la ville. On dit à présent que cela est tout le contraire. Mais ce qu'on ne pouvait pas changer dans la contexture du sujet, tel que Sophocle l'a conçu, & tel que Corneille, Voltaire lui-même & la Mote, l'ont traité d'après Sophocle ; c'est de faire tourner le pivot du sujet *sur ce conte,*

» Dont Phorbas au retour voulut cacher sa honte.

& voilà pourquoi je me suis déterminé à m'écarter entièrement de Sophocle & de ses imitateurs.

Quoique M. de Voltaire ait déjà reproché à Corneille *d'avoir rendu Jocaste un personnage froid & insipide, qui n'est pas le témoin des malheurs d'Œdipe, & qui ne paraît pas même au cinquieme acte.* Et, quoique M. de Voltaire prétende aussi que Corneille *n'a emprunté ni beautés ni défauts de Sophocle*, il me semble qu'il a très bien fait de faire disparaître sa Jocaste, comme celle de Sophocle, au quatrieme acte, & de la rendre, comme Sophocle, assez sensible à ses malheurs pour la déterminer à se condamner elle-même à la mort, dès qu'elle sait au quatrieme acte qu'Œdipe va connaître l'horreur du destin qu'elle connaît déjà. Au lieu que M. de Voltaire l'a rendu un personnage froid & insipide, en la ramenant au quatrieme acte.

« Enfin il me paraît qu'Œdipe apprend avec trop de froideur son affreuse aventure. »

Je pense comme M. de Voltaire. Mais Corneille, qui n'emprunta rien de Sophocle, en emprunta encore ce défaut, qui dépend de l'effet qu'imprime la fatalité sur le personnage qu'elle a frappé; & qui par conséquent lui ôte toute espece de mouvement dramatique, parcequ'il n'a plus aucun genre quelconque de liberté.

« Je ne parle point de la versification: on sait qu'il n'a jamais fait de vers si faibles & si indignes de la Tragédie. En effet, Corneille ne connaissait guere la médiocrité, & il tombait dans le bas avec la même facilité qu'il s'élevait au sublime. »

En effet Corneille mit souvent dans la bouche d'Œdipe, de Thésée & de Jocaste le langage le plus indigne de la noblesse de ces personnages. Mais on cessera d'être étonné qu'après s'être élevé quelquefois au sublime, il tombe encore plus souvent dans le bas, & même dans le ridicule, si l'on considere qu'une pensée sublime donne nécessairement les mots & la tournure propres à l'exprimer; au lieu que, dans la moyenne région des pensées, si l'on peut s'exprimer ainsi, c'est la connaissance d'une langue faite, & le goût, qui seuls peuvent juger des convenances qui vous écartent toujours de ce qui est bas ou ridicule. Or, lorsque Corneille écrivait, Paschal n'avait pas encore créé la langue, en apprenant quelle est la puissance des mots; & Racine ne l'avoit pas encore fixée, en apprenant quel est le charme des expressions. Ainsi ce que nous avons grande raison aujourd'hui de trouver bas ou ridicule dans Corneille, ne pouvait pas lui paraître tel dans le temps qu'il forma son style. Ainsi, au lieu de reprocher à Corneille de n'être presque jamais élégant & pur, il faut avouer qu'il mérita souvent dans Cinna l'étonnement où l'on est, qu'à son beau génie dramatique, il ne joignît pas l'esprit extraordinaire de Paschal & le goût enchanteur de Racine.

« J'espere que vous me pardonnerez, Monsieur, la témérité avec laquelle je parle; si pourtant c'en est une de trouver mauvais ce qui est mauvais, & de respecter le nom de l'Auteur sans en être l'esclave.

» Et quelles fautes voudrait-on que l'on relevât ? Serait-ce celles des Auteurs médiocres dont on ignore tout jusqu'aux défauts ? C'est sur les imperfections des grands hommes qu'il faut attacher sa critique ; car si le préjugé nous faisait admirer leurs fautes, bientôt nous les imiterions ; & il se trouverait peut-être que nous n'aurions pris de ces célebres Ecrivains que l'exemple de mal faire. »

Voilà bien sincèrement ce que je dis au Public en lui offrant l'examen que je fais des Œdipes, & sur-tout de celui de M. de Voltaire. Je le répete : j'aurais voulu ne pas trouver dans les éditions qu'il fit de ses Ouvrages, dans la maturité de sa raison, les témérités ou les intempérances de sa jeunesse poëtique. Mais il a fidèlement conservé en 1770 ce qu'il avait écrit un demi siecle auparavant. Voilà ce qui me force d'en parler avec la sévérité dont je ne me console qu'en me livrant à l'admiration sincere que j'ai toujours conservée pour cet homme véritablement extraordinaire & pour la foule de ses ouvrages immortels.

M. de Voltaire passe ici, dans sa cinquieme lettre, à la critique du nouvel Œdipe, & s'exprime ainsi :

« Me voilà enfin parvenu à la partie de
» ma dissertation la plus aisée, c'est-à-dire
» à la critique de mon ouvrage; &, pour ne
» point perdre de temps, je commencerai
» par le premier défaut, qui est celui du
» sujet. Régulièrement, la piece d'Œdipe
» devrait finir au premier acte. Il n'est pas
» naturel qu'Œdipe ignore comment son
» prédécesseur est mort. Sophocle ne s'est
» point mis du tout en peine de corriger cette
» faute. Corneille, en voulant la sauver, a
» fait encore plus mal que Sophocle, & je

» n'ai pas mieux réussi qu'eux. Œdipe, chez
» moi parle ainsi à Jocaste :

» On m'avait toujours dit que ce fut un Thébain
» Qui leva sur son Prince une coupable main.
» Pour moi, qui, sur son trône élevé par vous-même,
» Deux ans après sa mort, ai ceint le diadême,
» Madame, jusqu'ici respectant vos douleurs,
» Je n'ai point rappellé le sujet de vos pleurs ;
» Et de vos seuls périls chaque jour alarmée,
» Mon ame à d'autres soins semblait être fermée.

» Ce compliment ne me paraît point une
» excuse valable de l'ignorance d'Œdipe. La
» crainte de déplaire à sa femme en lui par-
» lant de son premier mari ne doit point
» du tout l'empêcher de s'informer des cir-
» constances de la mort de son prédécesseur.
» C'est avoir trop de discrétion & trop peu de
» curiosité. Il ne lui est pas permis non plus
» de ne pas savoir l'histoire de Phorbas. Un
» Ministre d'Etat ne saurait jamais être un
» homme assez obscur pour être en prison
» plusieurs années sans qu'on en sache rien.
» Jocaste a beau dire :

» Dans un château voisin, conduit secrètement,
» Je dérobai sa tête à leur emportement.

» on voit bien que ces deux vers ne sont mis

« que pour prévenir la critique. C'est une
» faute qu'on tâche de déguiser, mais qui
» n'en est pas moins faute. »

C'est assurément s'exécuter de bonne foi; mais avouer ses fautes, ce n'est pas les corriger.

« Voici un défaut plus considérable qui
» n'est pas du sujet, & dont je suis seul res-
» ponsable : c'est le personnage de Philoc-
» tete. »

On va voir aussi que la critique ne consent pas même à vous laisser l'honneur d'avoir créé un défaut, quoiqu'on cherche à s'assurer de son suffrage, par l'art de lui présenter cette création comme défectueuse. *Philoctete*, que M. de Voltaire prétend n'être pas du sujet, & dont il se rend seul responsable, est le Thésée de Corneille, qui lui-même n'est que le *Créon* de Sophocle; mais avec des défauts que n'a pas ce personnage dans le Poëte grec & dans le Poëte français; puisque l'un & l'autre ayant senti que ce personnage étoit nécessaire à la durée de l'action, ils ont éu l'art de l'y introduire; au lieu que M. de Voltaire est obligé d'avouer:

« Qu'il semble que son Philoctete ne soit venu à Thebes que pour y être accusé; encore est-il soupçonné peut-être un peu légèrement. Il arrive au premier acte & s'en retourne au troisieme. On ne parle de lui que dans les trois premiers actes, & on n'en dit pas un seul mot dans les derniers. Il contribue un peu au nœud de la piece, & le dénouement se fait absolument sans lui. Ainsi il paraît que ce sont deux Tragédies, dont l'une roule sur Philoctete, & l'autre sur Œdipe. »

Tout cela n'est que trop vrai; & si l'on ne savait pas que le prisme de l'amour-propre décompose toujours la lumiere de la raison, il serait bien étrange que M. de Voltaire convînt de si bonne foi des défauts insupportables de son épisodique Philoctete, pour obtenir l'honneur d'avoir créé un personnage, parcequ'il a mutilé le Créon de Sophocle & le Thésée de Corneille.

Je passe sous silence la censure que fait

M. de Voltaire du caractere héroïque qu'il a donné à son *Philoctete*, & la peur qu'il a d'avoir poussé sa grandeur d'ame jusqu'à la fanfaronade ; mais comme c'est le même personnage dramatique que *Créon*, c'est aussi le même personnage héroïque que *Thésée*. Et en effet M. de Voltaire n'a pas pu s'empêcher de lui faire dire les mêmes choses que ces deux personnages, soit lorsqu'il se trouvait dans la situation dramatique de Créon, soit qu'il se défendît héroïquement comme Thésée.

« Pour l'ignorance où il est (Philoctete),
» en arrivant, sur les affaires de Thebes,
» je ne la trouve pas moins condamnable
» que celle d'Œdipe. Le mont Oëta, où il
» avait vu mourir Hercule, n'était pas si
» éloigné de Thebes, qu'il ne pût savoir
» aisément ce qui se passait dans cette ville.
» Heureusement cette ignorance vicieuse
» de Philoctete m'a fourni une exposition du
» sujet qui m'a paru assez bien reçue ; & c'est
» ce qui me persuade que les beautés d'un
» ouvrage naissent quelquefois d'un défaut. »

Je

Je suis bien persuadé du contraire. Des beautés peuvent être à côté de défauts ; mais certainement elles n'en naissent pas. Ces beautés particulieres peuvent se trouver dans un ouvrage ingénieux ; mais jamais dans un ouvrage pur.

« Dans toutes les Tragédies on tombe
» dans un écueil tout contraire. L'exposition
» du sujet se fait ordinairement à une person-
» ne qui en est aussi bien informée que celui
» qui lui parle. On est obligé, pour mettre
» les auditeurs au fait, de faire dire aux
» principaux acteurs ce qu'ils ont dû vrai-
» semblablement déjà dire mille fois. Le
» point de perfection serait de combiner tel-
» lement les événements, que l'Acteur qui
» parle n'eût jamais dû dire ce qu'on met
» dans sa bouche, que dans le temps même
» où il le dit. »

Voilà qui est de toute vérité, voilà qui est de toute importance ; mais voilà ce qui est si rarement observé, que, pour en avoir été l'observateur fidele dans ma Jocaste, je m'attends, à la premiere représentation, à beaucoup de contradictions de la part du Parterre; & cela, parceque cette méthode dramatique, imposée si sagement & si nécessairement par M. de Voltaire, exige, de la part du Public, une attention si contradictoire à son droit de juger de tout avant d'avoir pris la peine d'écouter; qu'il pardonne ce qui choque le plus cette regle infaillible, établie par M. de Voltaire, & que le bon sens suffit pour inspirer, pourvu qu'il soit bien vite dans *le secret de la Comédie*. Mais je ne pense pas ainsi que M. de Voltaire sur l'application de ces regles, à l'exposition de Bajazet.

« Telle est (dit-il), entre autres exem-
» ples de cette perfection, la premiere scene
» de la Tragédie de *Bajazet*. Acomat ne
» peut être instruit de ce qui se passe dans
» l'armée. *Osmin* ne peut savoir des nou-
» velles du Serrail. Ils se font l'un à l'autre
» des confidences réciproques, qui instrui-
» sent & qui intéressent également le spec-
» tateur; & l'artifice de cette exposition
» est conduit avec un ménagement dont je

« crois que Racine seul était capable. »

Je pense bien que Racine seul était capable d'exécuter aussi heureusement cette exposition ; mais je pense que le plan de cette exposition est aussi vicieux que celui d'*Agamemnon*, par exemple, est réellement sublime. On peut faire à Racine, dans Bajazet, le même reproche qu'on peut faire à l'exposition de M. de Voltaire dans son Œdipe. Et on peut même en faire un qui est particulier à celle de Racine : car l'absurde de celle d'Œdipe ne consiste qu'à supposer que *Philoctete* dès qu'il est entré dans l'empire de Thebes, n'a fait à qui que ce soit aucune des questions sur lesquelles il lui importe davantage d'avoir des éclaircissements. Mais dans *Bajazet*, si *Acomat* a raison de mener *Osmin* avec lui dans le Serrail pour confirmer par sa présence les nouvelles que lui, *Acomat*, va donner à *Roxane* ; comment *Osmin* & *Acomat* qui se sont vûs avant d'entrer sur la scene, puisqu'ils y entrent ensemble, ont-ils pu attendre qu'ils y fussent pour se dire les choses qu'ils ont le plus grand intérêt de

e ij

s'apprendre? Quoique ce soit un défaut énorme, il était si facile de n'y pas tomber, du moins à ce qu'il me semble, qu'il est bien extraordinaire, ou que M. Racine ne se soit pas apperçu de ce défaut, ou qu'il l'ait laissé subsister. M. de Voltaire a été frappé de la circonstance heureuse de faire rencontrer des gens qui depuis long-temps étaient séparés, & qui avaient de grands intérêts à se communiquer. Mais l'exposition d'*Iphigénie en Aulide*, qui n'a pas un seul défaut, renferme par excellence de bien autres beautés dramatiques. Il y avoit bien plus de distance entre la pensée d'*Agamemnon* & celle qui pouvait occuper *Arcas*, lorsqu'*Agamemnon* l'appelle, qu'entre le camp d'*Amurat* & son Serrail. D'ailleurs, dans l'exposition de *Bajazet*, Racine n'a fait que préparer quelques ressorts de son action: au lieu que, dans *Iphigénie*, il l'attaque d'abord toute entiere; il semble la découvrir, & renoncer à l'intérêt de la curiosité, pour s'emparer subitement de l'admiration qu'inspire l'audace de tenter de se passer de ce grand ressort de la curiosité. Du moins, voilà ce que je pense, car j'avoue de bonne foi, que, lorsque j'attaque Racine, je ressemble aux héros d'Homere lorsqu'ils veulent combattre les *Dieux*. Je me sens bien ferme sur mes jambes, mais Minerve me paraît les dérober à ma vue.

« Il est vrai qu'il y a des sujets de Tragé-
» die où l'on est tellement gêné par la bi-
» zarrerie des événements, qu'il est pres-
» qu'impossible de réduire l'exposition de sa
» Piece à ce point de sagesse & de vraisem-
» blance. Je crois pour mon honneur que
» le sujet d'Œdipe est de ce genre ; & il me
» semble que lorsque l'on se trouve si peu
» maître du terrein, il faut toujours songer
» à être intéressant plutôt qu'exact, car le
» spectateur pardonne tout, hors la longueur;
» & lorsqu'il est une fois ému, il examine
» peu s'il a raison de l'être.

» A l'égard de l'amour de Jocaste & de
» Philoctete ; j'ose encore dire que c'était
» un défaut nécessaire ; le sujet ne me four-
» nissait rien par lui-même pour remplir les
» trois premiers actes. »

e iij

Je crois, en effet, qu'à moins de traiter ce sujet en deux actes, le personnage de Créon, de Théfée ou de Philoctete, ou tel autre épisode, est indispensable dans le sujet tel que Sophocle l'a conçu; & c'est, encore une fois, ce qui m'a déterminé à ne point imiter ses imitateurs.

« Le troisieme acte n'est point fini; on » ne sait pourquoi les acteurs sortent de la » scene. Œdipe dit à Jocaste: »

« Suivez mes pas, rentrons; il faut que j'éclairciffe
» Un soupçon que je forme avec trop de justice.
» . . . . Suivez-moi,
» Et venez dissiper ou combler mon effroi.

» Mais il n'y a pas de raison pour éclair-
» cir son doute plutôt derriere le théâtre,
» que sur la scene : aussi Œdipe, après avoir
» dit à Jocaste de le suivre, revient avec
» elle le moment d'après, & il n'y a nulle
» distinction entre le troisieme & quatrieme
» acte, que le coup d'archet qui les sé-
» pare. »

Tous ces défauts si palpables, & si franchement avoués par M. de Voltaire, sont encore autant de raisons qui m'ont enhardi à traiter le même sujet d'une maniere qui écartait nécessairement tous ces défauts, du plan que j'ai formé.

« La premiere scene du quatrieme acte
» est celle qui a le plus réussi (c'est celle
» de Sophocle) : mais je ne me reproche
» pas moins d'avoir fait dire dans cette scene
» à Jocaste & à Œdipe tout ce qu'ils avaient
» dû se dire depuis long-temps. L'intrigue
» n'est fondée que sur une ignorance bien
» peu vraisemblable. »

Voilà encore une autrefois ce qui m'a déterminé à concevoir mon sujet, de maniere qu'il me fût aussi impossible de tomber dans la foule des absurdités du plan de Sophocle, qu'il lui eût été impossible, ainsi qu'à ses imitateurs, de n'y pas tomber, d'après la contexture de son plan.

« Il est manifeste que c'est au premier
» acte qu'Œdipe devait raconter cette aven-
» ture de la Phocide ; car dès qu'il apprend
» par la bouche du Grand-Prêtre, que les
» Dieux demandent la punition du meur-

» trier de Layus, son devoir est de s'infor-
» mer scrupuleusement & sans délai de tou-
» tes les circonstances de ce meurtre. On
» doit lui répondre que Layus a été tué en
» Phocide, dans un chemin étroit, par deux
» étrangers; & lui qui sait que dans ce temps-
» là même, il s'est battu contre deux étran-
» gers en Phocide, doit soupçonner dès ce
» moment que Layus a été tué de sa main.
» Il est triste d'être obligé, pour cacher
» cette faute, de supposer que la vengeance
» des Dieux ôte dans un moment la mé-
» moire à Œdipe & la lui rend dans un
» autre. »

» Et je ne conçois pas par quel enchantement
» J'oubliais jusqu'ici ce grand événement.

» La scene suivante d'Œdipe & de Phor-
» bas me paraît bien moins intéressante
» chez moi que dans Corneille. Œdipe, dans
» ma Piece, est déjà instruit de son mal-
» heur, avant que Phorbas acheve de l'en
» persuader. Phorbas ne laisse l'esprit du
» spectateur dans aucune incertitude, & ne
» lui inspire aucune surprise, & ainsi, il ne

» doit point l'intéresser : au contraire, dans
» Corneille, Œdipe, loin de se douter d'ê-
» tre le meurtrier de Layus, croit en être
» le vengeur, & il se convainc lui-même
» en voulant convaincre Phorbas. Cet arti-
» fice de Corneille serait admirable si Œdipe
» avait quelque lieu de croire que Phorbas
» est coupable, & si le nœud de la Piece
» n'étoit pas fondé sur un mensonge puéril. »

» . . . . C'est un conte
» Dont Phorbas, au retour, voulut cacher sa honte.

Si la critique n'était que la raison armée contre les attaques perpétuelles du mauvais goût dans tous les genres, assurément la censure que M. de Voltaire fait ici de lui-même devrait bien la désarmer, & lui faire pardonner les censures trop légeres qu'il s'est trop souvent permises ; lorsque dans cette occasion-ci il se blâme même très injustement. Œdipe dans Corneille n'est fondé sur quoi que ce soit, pour croire que Phorbas est un des assassins de Layus. Ainsi l'artifice de Corneille ne serait plus un artifice admirable s'il était fondé, & il n'est plus qu'un artifice extravagant & révoltant, par l'éternelle raison que ce qui est contre toute raison, ne peut jamais être vraisemblable. Mais le Phorbas de M. de Voltaire n'est point ainsi, quoique M. de Voltaire dise : « Phorbas ne » laisse l'esprit du spectateur dans aucune in-» quiétude, parcequ'Œdipe, dans ma Piece, » est déjà instruit de son malheur. »

Voilà ce qui n'est point, & ce qui est si peu, que c'est Phorbas seul qui peut éclaircir son sort. Ce que M. de Voltaire a si peu senti, qu'il paraît méconnaître l'art qu'il a cependant employé pour éviter la critique qu'il se fait à lui-même. Car lorsqu'Icare, dans la seconde scene du cinquieme acte, apprend à Œdipe en s'exprimant ainsi ;

» Vous n'étiez pas son fils : non, Seigneur, & ce Prince ,
» Pressé de ses remords, a tout dit aux abois.

Et qu'Œdipe lui a répondu :

« Je n'étais point fils de Polibe! & qui
» suis-je donc ? Où tombai-je en vos
» mains ? »

Icare lui répond :

« Sur le mont Citheron. »

» . . . . Un Thébain, qui se dit votre pere,
» exposa votre enfance en ce lieu solitaire.
» Quelque Dieu bienfaisant guida vers vous mes pas ;
» La pitié me saisit, je vous prends dans mes bras ;
» Je ranime dans vous la chaleur presque éteinte ;
» Vous vivez, & bientôt je vous porte à Corinthe :
» Je vous présente au Prince ; admirez votre sort,
» Le Prince vous adopte au lieu de son fils mort.
&c, &c, &c.

De sorte qu'Œdipe au lieu de connaître son destin, qui consiste à savoir que Layus est son pere, se croit le fils de ce Thébain qui l'a exposé ; & qu'au lieu de rendre Phorbas un personnage insipide, M. de Voltaire a eu l'art & le goût d'éviter entre Œdipe & Phorbas toute équivoque, en commençant la scene où paraît Phorbas avec Icare, par leur reconnaissance qui entraîne l'éclaircissement nécessaire pour convaincre Œdipe, qu'au lieu d'être seulement le meurtrier de Layus, il est à-la-fois parricide & incestueux.

« Je ne pousserai pas plus loin la critique
» de mon ouvrage ; il me semble que j'en
» ai reconnu les défauts les plus importants.
» On ne doit pas en exiger davantage d'un
» Auteur ; & peut-être un Censeur ne m'au-

» roit-il pas plus mal traité. Si on me de-
» mande pourquoi je n'ai pas corrigé ce que
» je condamne, je répondrai qu'il y a fou-
» vent dans un ouvrage des défauts qu'on
» eſt obligé de laiſſer malgré ſoi. »

C'eſt que les grandes beautés & les grands défauts d'une Tragédie dépendent uniquement de l'action de cette Tragédie, qui dépend elle-même uniquement du ſujet qui vous a donné votre action.

Racine, qui poſſédait ſouverainement l'art des développements, fut, & ne fut qu'élégiaque dans ſa Tragédie de *Titus & de Bérénice*, lui qui avait été ſi paſſionné dans *Andromaque*, ſi profond dans *Britannicus*, & ſi ſublime dans *Athalie*.

Après le ſuccès, il eſt brillant de pouvoir dire au Public : ceci eſt abſurde : ceci n'a pas le ſens commun : ceci eſt invraiſemblable : & quoique vous ayez un goût excellent, ce qui eſt abſurde n'a point choqué votre raiſon; ce qui n'a pas le ſens commun, n'a point révolté votre eſprit ; & ce qui eſt invraiſemblable, n'a point bleſſé votre jugement ; & vous avez raiſon. Il n'eſt pas queſtion de prendre le compas du ciel ou la balance des temps pour examiner ce qui eſt ou ce qui devrait être. Le Théâtre eſt l'empire de l'illuſion : vous venez au Théâtre pour y être attachés par une émotion continuelle; vous avez joui de mes efforts pour la rendre délicieuſe. Nous avons atteint tous les deux notre but; vous, de m'applaudir, & moi, de mériter vos applaudiſſements.

Malgré tout ce que fit M. de Voltaire, comme on le voit, pour déſarmer la critique, elle ne ſe déchaîna pas moins contre lui. Il fut preſque accablé par l'érudition grecque que les pédants de ce temps jetterent ſur les fleurs de ſon eſprit. Mais il parut entre tous les critiques dont nous parlons, une lettre qu'on crut & qu'on croit être encore du fils de M. Racine, dans laquelle non-ſeulement il oppoſe au peu de reſpect de M. de Voltaire pour Sophocle, l'admiration du célebre Racine pour les Anciens, & particulièrement pour Sophocle; mais dans laquelle, après l'avoir vertement repris ſur beaucoup de fautes grammaticales & pluſieurs fautes de goût, il l'invite à faire lui-même ſes vers, au lieu de les piller par-tout ; reproche qu'il justifie en lui montrant une liste fatale d'un nombre prodigieux de vers qu'il avait pris en effet par-tout, hors dans sa tête.

Ce reproche était assez sanglant pour que, répondant, dans une septieme lettre, à plusieurs de ses critiques, M. de Voltaire se soit cru forcé de convenir qu'*il avait été plagiaire ; mais qu'excepté les deux beaux vers de Corneille qu'il avait pris & dont il avait parlé, soit qu'ayant la tête remplie de vers d'autrui, soit qu'on se rencontre quelquefois dans les mêmes pensées & dans les mêmes tours, il n'avait voulu voler personne* (1).

Mais ce reproche ne lui fit pas moins une

---

(1) Je profite de cette occasion pour dire au Lecteur qu'ayant aussi la tête remplie des Œdipes lorsque je faisois Jocaste, & que consolant souvent par les vers de Voltaire, mes oreilles écorchées par ceux de Corneille & de la Mote, ceux-ci

» Théſée, Hercule & moi, nous vous avons montré
» Le chemin de la gloire où vous êtes entré

m'ont fait dire une sottise, dont je ne me suis apperçu qu'après l'impression de Jocaste. J'ai parlé comme lui d'Hercule, qu'il accouple avec Théſée & Œdipe, tandis que l'Hercule Thébain, dont il est question ici, impression si funeste, qu'après avoir eu un coloris ravissant, & avoir très heureusement imité la période Racinienne, essentielle au style de la Tragédie, M. de Voltaire ne se ressembla plus dans Marianne, & qu'on ne retrouve réellement plus le talent particulier dont il étincelloit dans Œdipe, dans aucune autre Tragédie, mais seulement dans tous ses autres ouvrages poétiques. Depuis Œdipe, il prit dans ses autres Tragédies un style haché, décousu, sentencieux & quelquefois épique, qui l'éloigna pour toujours du naturel dramatique. Enfin, au lieu d'imiter la période, que Racine porta quelquefois jusqu'à vingt vers consécutifs, il prit l'habitude, fatigante pour

---

ne nâquit que sous le regne de Créon, successeur d'Œdipe. Sans doute une Tragédie n'est ni l'histoire d'un Empire, ni les annales d'une Cour, ni les mémoires d'un homme : les Poëtes peuvent créer le système de faits qui leur donne l'action de leur Tragédie; mais il faut être exact autant qu'on le peut. Et, quoique le Parterre ne soit pas composé par les Savants de l'Académie des Sciences, ni par ceux des Belles-Lettres, on ne doit cependant pas compter sur l'ignorance trop commune aujourd'hui dans la masse du Public.

ses lecteurs, de sauter à cloche-pied de deux vers en deux vers. Ce qui fatigue l'esprit, par les petites secousses qu'il doit faire pour suivre cette marche intercadente.

Mais je retourne à mon sujet : & comme les examens qu'a faits M. de Voltaire des Œdipes ne peuvent pas en donner au Lecteur une idée assez exacte pour lui servir à les comparer à ma Jocaste ; ce qui est le but que j'ai dû me proposer, je vais tâcher d'y parvenir en mettant sous ses yeux une esquisse fidele de la Tragédie de M. de Voltaire, à laquelle je rapporterai toutes les choses qui appartiennent à Sophocle & à Corneille, afin que le Public puisse juger si j'ai eu tort ou raison de créer un nouveau plan. Enfin cet examen me donnera la faculté de ne jetter qu'un coup-d'œil sur le plan de M. de la Mote qui en vérité n'en mérite pas davantage, & qui suffira complètement au Public pour le mettre à portée d'apprécier les efforts si pénibles de M. de la Mote pour s'écarter un peu de la route où il devait se traîner tout uniment.

EXAMEN

EXAMEN DE L'ŒDIPE
DE M. DE VOLTAIRE.

ACTE PREMIER.
SCENE PREMIERE.
PHILOCTETE, DIMAS.

Exposition du sujet.

LA peste dévore Thebes depuis quatre ans que Layus est mort. Ravage du Sphinx. Philoctete, autrefois exilé de Thebes par l'amour, y est rappellé par l'amour & par le devoir de porter dans la patrie d'Hercule ses fleches invincibles, & d'y élever des tombeaux à ce demi-Dieu. Philoctete apprend qu'Œdipe est l'époux de Jocaste; enfin Dimas lui dit *que le peuple va venir du ciel irrité conjurer les rigueurs.* Et Philoctete lui répondait dans la premiere édition:

» Sortons, & s'il se peut, n'imitons point leurs pleurs.

Ce que M. de Voltaire a bien fait de changer dans les autres éditions.

SCENE II.

Le Grand-Prêtre, le Chœur.

C'est le spectacle qu'offre l'ouverture de la scene dans Sophocle, remplie d'abord, dans l'un & l'autre Poëte, par des invocations aux Dieux.

SCENE III.

Les mêmes, ŒDIPE, JOCASTE.

Le fond de cette scene est absolument de Sophocle, quoique M. de Voltaire ne la mette pas au nombre des obligations qu'il lui doit; & la plûpart des pensées sont une imitation de Corneille. A la question qu'Œdipe fait au Grand-Prêtre si les Dieux sont toujours muets & sourds, le Grand-Prêtre lui apprend que cette nuit l'ombre de Layus lui est apparue, & lui a dit:

» Les Thébains de Layus n'ont point vengé la cendre;
» Le meurtrier du Roi respire en ces états,
» Et de son souffle impur infecte vos climats:
» Il faut qu'on le connoisse, il faut qu'on le punisse:
» Peuple, votre salut dépend de son supplice.

Corneille dit la même chose, acte second,

scene troisieme, *faisant parler l'ombre de Layus*, & acte quatrieme, scene premiere, faisant dire à Phorbas & à Tirésie *qu'Œdipe existe à Thebes*.

ŒDIPE.

» Thébains, je l'avouerai, vous souffrez justement
» D'un crime inexcusable un rude châtiment ;
» Layus vous étoit cher, & votre négligence
» De ses mânes sacrés a trahi la vengeance.
» Tel est souvent le sort des plus justes des Rois ;
» Tant qu'ils sont sur la terre on respecte leurs loix :
» On porte jusqu'aux cieux leur justice suprême ;
» Adorés de leur peuple, ils sont des Dieux eux-même :
» Mais après leur trépas, que sont-ils à vos yeux ?
» Vous éteignez l'encens que vous brûliez pour eux ;
» Et, comme à l'intérêt l'ame humaine est liée,
» La vertu qui n'est plus est bientôt oubliée. (1)
» Ainsi du ciel vengeur implorant le courroux,
» Le sang de votre Roi s'élève contre vous :
» Appaisons son murmure ; & qu'au lieu d'hécatombe,
» Le sang du meurtrier soit versé sur sa tombe.
» A chercher le coupable appliquons tous nos soins,
» Quoi, de la mort du Roi n'a-t-on point de témoins ?
» Et n'a-t-on jamais pu, parmi tant de prodiges,
» De ce crime impuni retrouver les vestiges ?
» On m'avait toujours dit que ce fut un Thébain
» Qui porta sur son Prince une coupable main. (2)

---

(1) SOPHOCLE.
» *Après sa mort Layus n'eut plus de défenseurs.*
(2) SOPHOCLE, CORNEILLE *ont dit la même chose.*

à Jocaste.

» Pour moi, qui de vos mains recevant sa couronne,
» Deux ans après sa mort ai monté sur son trône, (1)
» Madame, jusqu'ici respectant vos douleurs,
» Je n'ai point rappellé le sujet de vos pleurs ;
» Et de vos seuls périls chaque jour alarmée,
» Mon ame à d'autres soins sembloit être formée.

JOCASTE.

» Seigneur, quand le destin me réservant à vous,
» Par un coup imprévu m'enleva mon époux,
» Lorsque de ses Etats parcourant les frontieres,
» Ce Héros succomba sous des mains meurtrieres,
» Phorbas en ce voyage étoit seul avec lui.
» Phorbas étoit du Roi le conseil & l'appui.
» Layus, qui connoissait son zele & sa prudence,
» Partageoit avec lui le poids de sa puissance :
» Ce fut lui qui, du Prince à ses yeux massacré,
» Rapporta dans nos murs le corps défiguré ;
» Percé de coups lui-même, & se traînant à peine,
» Il tomba tout sanglant aux genoux de la Reine :
» Des inconnus, dit-il, ont porté ces grands coups,
» Ils ont devant mes yeux massacré votre époux ;
» Ils m'ont laissé mourant, & le pouvoir céleste
» De mes jours malheureux a ranimé le reste. (2)
» Il ne m'en dit pas plus ; & mon cœur agité
» Voyait fuir loin de lui la triste vérité :
» Et peut-être le ciel, que ce grand crime irrite,
» Déroba le coupable à ma juste poursuite :

---

(1) M. *de Voltaire a remarqué que le sujet étoit également vicieux, en commençant la Tragédie deux ans après le mariage d'Œdipe, comme après vingt ans.*

(2) SOPHOCLE, CORNEILLE *ont dit la même chose.*

SUR LES ŒDIPES.

» Peut-être accomplissant ses decrets éternels,
» Afin de nous punir il nous fit criminels.
» Le Sphinx bientôt après désola cette rive ;
» A ses seules fureurs Thebes fut attentive ;
» Et l'on ne pouvait guere, en un pareil effroi,
» Venger la mort d'autrui quand on tremblait pour soi. (1)

ŒDIPE.

» Madame, qu'a-t-on fait de ce sujet fidele ?

JOCASTE.

» Seigneur, on paya mal son service & son zele.
» Tout l'empire en secret étoit son ennemi ;
» Il étoit trop puissant pour n'être point haï ;
» Et du peuple & des grands la colere insensée
» Brûlait de le punir de sa faveur passée.
» On l'accusa lui-même ; & d'un commun transport,
» Thebe entiere à grands cris me demanda sa mort :
» Et moi, de tous côtés redoutant l'injustice,
» Je tremblais d'ordonner sa grace ou son supplice.
» Dans un château voisin conduit secrètement,
» Je dérobai sa tête à leur emportement ;
» Là, depuis quatre hivers, ce vieillard vénérable,
» (De la faveur des Rois exemple déplorable)
» Sans se plaindre de moi ni du peuple irrité,
» De sa seule innocence attend sa liberté. (2)

ŒDIPE à sa suite.

» Madame, c'est assez. Courez, que l'on s'empresse,
» Qu'on ouvre sa prison, qu'il vienne, qu'il paroisse,

---

(1) SOPHOCLE.
Les maux présents & sensibles firent oublier un crime obscur & passé.
(2) SOPHOCLE & CORNEILLE *conservent aussi Phorbas pour l'occasion.*
CORNEILLE *réserve Phorbas dans la roche qu'on voit la plus proche.*

f iij

86   DISSERTATION

» Moi-même devant vous je veux l'interroger ;
» J'ai tout mon peuple ensemble & Layus à venger :
» Il faut tout écouter, il faut d'un œil sévere
» Sonder la profondeur de ce triste mystere. (1)
» Et vous, Dieux des Thébains, Dieux qui nous exaucez,
» Punissez l'assassin, vous qui le connaissez.
» Soleil, cache à ses yeux le jour qui nous éclaire ;
» Qu'en horreur à ses fils, exécrable à sa mere,
» Errant, abandonné, proscrit dans l'univers,
» Il rassemble sur lui tous les maux des enfers,
» Et que son corps sanglant, privé de sépulture,
» Des vautours dévorans devienne la pâture. (2).

LE GRAND-PRÊTRE.
» A ces sermens affreux nous nous unissons tous.

ACTE II.

SCENE PREMIERE.

HIDASPE apprend à Jocaste, devant le Chœur, que les Thébains accusent Philoctete du meurtre de Layus.

M. de Voltaire est déjà convenu qu'*il en est accusé avec beaucoup moins de fondement que Créon, dans Sophocle.*

---

(1) SOPHOCLE. *Suivons le moindre indice.*
(2) SOPHOCLE. *Imprécations d'Œdipe.*

SCENE II.

JOCASTE & EGINE.

C'est une imitation des craintes de Dircé pour Théfée, dans laquelle cependant Jocaste apprend à Egine, qu'*au lieu d'éteindre ses feux pour Philoctete*,

» Ces feux qu'on croit éteints renaissent de leur cendre,
» Et la vertu sévere en de si durs combats,
» Resiste aux passions, & ne les détruit pas.

« *Qu'étant forcée d'épouser le vainqueur*
» *du Sphinx, elle ne sentit point pour lui*
» *cette brûlante flamme.*

» Que le seul Philoctete a fait naître en son ame,
» Et qui sur son esprit répandant son poison,
» De son charme fatal a séduit la raison.
» . . . .
» . . . Ne crois pas cependant que mon cœur
» De cet amour funeste ait pu nourrir l'ardeur.

On voit que Jocaste fait bien d'en avertir Egine, car elle ne s'en douterait pas. Cette Jocaste, au lieu d'être un personnage dramatique, n'est réellement qu'un personnage énigmatique. On ne sait si elle aime encore, ou si elle n'aime plus.

SCENE III.

Philoctete apprend à Jocaste, quoiqu'il fût question d'expliquer les énigmes du Sphinx,

» Qu'il n'aurait pas percé les ténebres frivoles
» D'un vain sens déguisé sous d'obscures paroles :
» Ce bras, que votre aspect eût encore animé,
» A vaincre avec le fer était accoutumé.
» Du monstre à vos genoux j'eusse apporté la tête.

ce qui était apparemment la logique des Héros de ce temps-là.

Jocaste apprend qu'*il est accusé d'être le meurtrier de Layus* ; ce qui commence la défense de Philoctete dans la scene suivante avec Œdipe, dans laquelle Philoctete se défend contre Œdipe, comme Créon dans Sophocle, & comme Thésée dans Corneille; car Philoctete dit, comme Créon :

» Le trône est un objet qui n'a pu me tenter.

» Ce n'est point à vous, Œdipe, de soup-
» çonner personne du meurtre de Layus:
» Son sceptre & son épouse ont passé dans vos bras;
» C'est vous qui recueillez le fruit de son trépas.

Il s'engage cependant à demeurer dans Thebes.

La scene suivante entre Œdipe & Hidaspe est une imitation continuelle de ce que Sophocle & Corneille ont dit sur *l'invraisemblance de trouver un héros coupable, & sur le peu de foi que méritent les organes des Dieux.*

ACTE III.

SCENE PREMIERE.

Dans la premiere scene, Jocaste dit à Egine, sa confidente, *que rien ne peut rassurer sa gloire, en souffrant que Philoctete qui régna sur son cœur, reste auprès d'elle, & qu'elle l'en veut écarter.* Egine va l'en presser lorsqu'il paraît à la seconde scene, qui est encore une imitation aussi exacte de la scene entre Dircé & Théfée, que le permet la différence de ces personnages. Aux instances que Jocaste fait à Philoctete de fuir *les dangers où l'injustice l'expose.* Il répond.

» Commandez que je meure, & non pas que je fuie ;
» Et ne me forcez point, quand je suis innocent,
» A devenir coupable en vous obéissant.
» &c, &c, &c.

Dans la scene suivante, Œdipe vient calmer

la situation violente de Philoctete, comme Jocaste dans Corneille, adoucit celle de Dircé. Et par la raison que Philoctete, au lieu d'essayer d'expliquer les énigmes du Sphinx, eût pourfendu ce monstre ; Philoctete au lieu d'être sensible à l'intérêt généreux d'Œdipe, lui dit : *Pour écarter de moi d'injurieux soupçons*,

» C'était, c'était assez, d'examiner ma vie ;
» Hercule, appui des Dieux, & vainqueur de l'Asie,
» Les monstres, les tyrans qu'il m'apprit à domter,
» Ce sont là les témoins qu'il me faut confronter.

Bien ridicule rodomontade, si l'on compare cette parodie avec ces vers que Racine met dans la bouche de *Clitemnestre*.

» Pourquoi feindre à nos yeux une fausse tristesse ?
» Pensez-vous par des pleurs prouver votre tendresse ?
» Où sont-ils ces combats que vous avez rendus ?
» Quels flots de sang pour elle avez-vous répandus ?
» Quel débris parle ici de votre résistance ?
» Quel champ couvert de morts me condamne au silence ?
» Voilà par quels témoins il fallait me prouver,
» Cruel, que votre amour a voulu la sauver.

SCENE IV.

C'est celle dans laquelle le Grand-Prê-

SUR LES ŒDIPES.

tre accuse Œdipe, & dont M. de Voltaire a parlé, comme étant en entier de Sophocle. Le fait est très vrai ; mais la maniere dont il l'a placée, mérite le reproche que fait M. de Voltaire à Corneille, *d'avoir interrompu au premier acte Œdipe, afin de ne pas finir la Tragédie à ce premier acte.* Car ce Grand-Prêtre qui parle ici à la quatrieme scene du troisieme acte, devait dire la même chose à la troisieme scene du premier, s'il n'eût pas été interrompu par Œdipe, lorsqu'il révele au chœur, *que cette nuit l'ombre du grand Layus lui a révélé que son meurtrier respire dans Thebes, & que c'est de son supplice que dépend le salut du peuple.*

SCENE V.

Elle finit le troisieme acte d'une maniere si ridicule & si absurde, que M. de Voltaire est convenu lui-même, qu'*il ne l'a détaché du suivant, que pour avoir un quatrieme acte* ; & qu'il l'est cependant si peu, qu'il convient lui-même que ces deux actes *ne sont séparés que par un coup d'archet.*

ACTE IV.

M. DE VOLTAIRE convient que la premiere scene de cet acte est de Sophocle. J'ai déjà remarqué dans l'examen que M. de Voltaire fait de l'Œdipe de Sophocle, la différence dramatique essentielle entre ces deux scenes, qui dépend de ce que dans Sophocle elle est la suite du premier trouble d'Œdipe, que Jocaste met à son comble par les moyens qu'elle emploie pour le dissiper. Tandis que dans M. de Voltaire, la situation d'Œdipe étant coupée par l'entr'acte du troisieme au quatrieme, il reparaît sur la scene n'étant plus qu'un froid interrogateur de Jocaste ; & prépare une tiédeur mortelle à cette scene, en disant à Jocaste :

» Madame, au nom des Dieux, sans vous parler du reste,
» Quand Layus entreprit ce voyage funeste,
» Avait-il près de lui des gardes, des soldats ?

C'est encore dans cette scene que M. de Voltaire ayant critiqué Corneille, *d'avoir fait ressouvenir si curieusement Œdipe du portrait des brigands qu'il croit avoir tués*, imagine avoir raison de faire dire à Œdipe par Jocaste :

» Et si j'ose, Seigneur, dire ce que j'en pense,
» Layus eut avec vous assez de ressemblance.
» Et je m'applaudissais de retrouver en vous,
» Ainsi que les vertus, les traits de mon époux.

Si M. de Voltaire a eu raison de condamner la mémoire que Corneille donne à son Œdipe, quoiqu'elle serve cependant à convaincre Jocaste, qu'Œdipe au lieu d'avoir tué, comme il le croit, les meurtriers de Layus, en est lui-même le meurtrier, n'at-il pas senti l'épouvantable absurdité de faire dire à Jocaste, qu'*elle s'applaudissait de retrouver dans Œdipe les traits de son époux*, tandis qu'on lui a entendu dire au second acte, qu'*elle n'a jamais aimé que Philoctete*, & qu'elle va dire à Œdipe, qu'*ayant consulté la fameuse interprete des Dieux sur le sort du fils qu'elle eut de Layus,* la Prêtresse lui apprit, *que son fils tueroit son pere, & qu'elle le recevroit dans son lit dégoûtant du sang de son pere.* Je le répete, M. de Voltaire a vu le ridicule du tableau des personnages qu'Œdipe dans Corneille, croit être les meurtriers de Layus ; mais il n'y a de ridicule que ces portraits, parcequ'il fallait qu'il se ressouvînt de leur figure pour les faire reconnaître à Jocaste : & M. de Voltaire qui n'employait ici que des expressions nobles, les a crues raisonnables, parcequ'elles n'étoient pas ridicules ; tandis qu'il n'y a rien de si absurde, que de faire *applaudir Jocaste*, *de retrouver dans Œdipe une ressemblance*, dont l'oracle la devait faire trembler au point de l'empêcher d'épouser le vainqueur du Sphinx, avant de s'assurer que quoiqu'il eût les traits de Layus, il n'était pas son fils.

Ce défaut est si considérable, que, pour laisser ma Jocaste sous l'empire des passions qu'Œdipe doit allumer en elle, je me suis bien gardé de lui montrer Œdipe avant qu'elle fût forcée par la raison d'état & la force des circonstances, que faisaient naître la fatalité, à lui donner la main aux autels. Car, sans parler du reproche qu'on aurait pu me faire de poursuivre l'action, indépendamment de l'horreur que devait lui inspirer la ressemblance qu'on pouvait supposer entre Œdipe & Layus, quoique je ne l'eusse pas établie, cela seul changeait absolument le caractere de l'amour que doit éprouver Jocaste, qui devient sublime & tragique, en dépendant uniquement de la fatalité, & qui seroit devenu horrible & dégoûtant, si les causes ordinaires qui le font naître eussent contribué à l'exciter dans le cœur de Jocaste.

Je ferai encore ici une remarque, que mon étude continuelle de Racine m'a peut-être donnée.

Comme M. de Voltaire a perdu le mouvement progressif de cette scene, si belle dans Sophocle, il n'a jamais pu le lui redonner : après avoir été obligé de recommencer cette scene par ce vers ridicule :

» Madame, au nom des Dieux, sans vous parler du reste;

Tout ce qui suit, quoique d'un mouvement impétueux, a si peu le flux & reflux de la belle scene de Sophocle, que M. de Voltaire tombe encore dans un calme plat, en faisant dire à Œdipe :

» Après le grand secret que vous m'avez appris;

» Il eſt juſte à mon tour que ma reconnaiſſance
» Faſſe de mes deſtins l'horrible confidence.

Il eſt bien queſtion de faire dire à Jocaſte par Œdipe *confidence pour confidence: puiſque vous m'avez conté votre hiſtoire, je vais vous conter la mienne.*

Voilà ce qui arrive quand on a perdu la cadence dramatique de ſa ſcene; ſi vous la perdez vous ne la retrouverez jamais.

Tout le reſte de cette ſcene eſt de Sophocle original, ou de Corneille, imitant Sophocle.

Il faut convenir cependant que M. de Voltaire s'eſt écarté d'une maniere bien peu heureuſe de la deſcription que fait Œdipe dans Sophocle de ſa rencontre avec Layus.

Dans Sophocle, *Layus veut faire retirer Œdipe de l'endroit où ils ſe rencontrent*, &c.

A l'invraiſemblance qui appartient à M. de Voltaire de faire voyager Layus avec un ſeul homme, quoique ce Roi ſoit parti de Thebes pour viſiter ſes frontieres, il joint une circonſtance bien ridicule, en faiſant dire à Œdipe qu'il ſe reſſouvient enfin, que *jeune*

&

& superbe, se croyant encore au trône de son pere, quoiqu'il fût dans une terre étrangere, voulant disputer les honneurs du passage contre des voyageurs qu'il rencontra ; sa main furieuse quitte, apparemment les chevaux qui menoient son char pour arrêter ceux du char qu'il rencontrait ; & que les guerriers qui le montaient, fondant sur lui, tomberent bientôt ses victimes.

Si Sophocle eût donné tant de temps à Œdipe & à Layus pour se prendre de querelle sur l'importance des honneurs du pas ; Sophocle aurait pensé que l'un ou l'autre de ces personnages aurait du commencer par se nommer ; parcequ'il n'était pas vraisemblable de leur faire supposer que chacun d'eux voyageant sans armes & sans bagages, rencontroit cependant sur le grand chemin un autre Roi qui marchoit dans le même incognito. Dans ce temps-là les Rois n'allaient pas encore passer le carnaval à Venise & y souper au cabaret.

Ainsi, Layus sur-tout, qui voyageait moins lestement qu'Œdipe, lui devait faire dire par son héraut de lui céder le pas, parce qu'il était Layus, voyageant dans son Royaume. Mais Sophocle a su éviter de forcer son Layus à se découvrir.

SCENE II.

Enfin, Phorbas vient trouver Œdipe & Jocaste. M. de Voltaire convient qu'il doit mettre dans le nombre des obligations qu'il doit à Sophocle, la scene des deux vieillards. Mais espérait-il qu'on oubliât, où avait-il oublié que le *Berger* de Sophocle, l'*Iphicrate* de Corneille, & son *Icare* à lui, M. de Voltaire, sont le même personnage qui revient de Corinthe apprendre à Œdipe que Polibe n'est point son pere. Et ne se ressouvenait-il plus, ou espérait-il qu'on ne se ressouviendrait pas que le *Phorbas* de Sophocle est le même personnage que celui de Corneille & le même dont il se sert aussi, lui M. de Voltaire, sous le même nom; & que Phorbas dans les trois Tragédies, est blessé par Œdipe; & que c'est lui qui, dans les trois Tragédies, convainc Œdipe d'être le meurtrier de Layus. De sorte que cette scene appartient encore tout-à-fait à Sophocle. Avec cette grande différence, cependant, que M. de Voltaire l'a dépouillée de son mouvement dramatique, en faisant dire à Œdipe par Phorbas :

» . . . N'insultez point au malheureux destin
» D'un fidele sujet blessé de votre main.

Tandis que Sophocle conserve à sa troisieme scene du quatrieme acte, entre Œdipe, Jocaste & le Berger, l'admirable effet qu'il avait su donner à la scene quatrieme de son troisieme acte ; dans laquelle Jocaste, en portant le trouble d'Œdipe à son comble, quoiqu'elle pense le rassurer, parvient, par l'effet contraire de celui qu'elle se proposait, à forcer Œdipe de lui révéler le secret qu'il lui avait caché jusqu'alors.

Dans la troisieme scene du quatrieme acte de Sophocle, dont nous parlons, Jocaste a beau apprendre avec transport à Œdipe, *que le Berger qu'elle lui montre lui a déjà annoncé que Polibe n'est plus*, à peine Œdipe s'est-il livré à la joie de sentir qu'il n'a plus à craindre de devenir parricide, qu'il craint encore de devenir inceftueux, & Jocafte a beau lui dire ce que Racine à exprimé par ces vers :

» Seigneur, trop de prudence entraîne trop de foins.

Et par cet autre vers :

» Un Oracle dit-il tout ce qu'il femble dire ?

Œdipe eft cependant fi tourmenté par fes craintes, que le Berger peut dire dans la fuite de la fcene à Œdipe :

« *Puifque vous redoutez quelque fouillure* » *de la part de vos proches, rien n'eft plus* » *frivole.* »

De forte, que c'eft encore dans le moment qu'Œdipe fe croit raffuré, que ce Berger lui apprend « *qu'il n'eft point fils de Polibe ni* » *de Mérope, qu'ainfi il n'a rien à craindre.* »

La fcene de M. de Voltaire eft tellement dépouillée des beautés qui appartiennent à Sophocle, qu'il a pu ne pas la mettre au nombre des *obligations* qu'il a reconnu lui devoir.

Mais, puifqu'il était fi reconnaiffant des

obligations qu'il avait à Sophocle, comment a-t-il oublié qu'il a fait l'honneur à Corneille d'adopter dans sa troisieme scene du quatrieme acte, toute la scene cinquieme du quatrieme acte de Corneille? Remarque d'autant plus indispensable ici, qu'elle fait voir au Lecteur M. de Voltaire imitant la scene la moins dramatique, & du goût le plus barbare que Corneille ait jamais faite : lorsqu'il a supprimé de la scene précédente de Sophocle, toute l'expression dramatique que Sophocle lui avait donnée, pour n'en conserver que le squelette. Voilà cette barbare scene de Corneille. Dès qu'Œdipe fait par Phorbas qu'il n'est point fils de Polibe, Jocaste dit à Œdipe :

» Rien ne m'affranchira de voir sans cesse en vous,
» Sans cesse en un mari l'assassin d'un époux.
» Puis-je plaindre à ce mort la lumiere ravie,
» Sans haïr le vivant, sans détester ma vie ;
» Puis-je de ce vivant plaindre l'aveugle sort,
» Sans détester ma vie & sans trahir le mort.

Il semble que Jocaste cherche à se mettre

en équilibre entre les deux antithèses qui forment ce dilemme.

Auquel Œdipe répond :

» . . . . Pour Layus & pour moi,
» Vous répandrez bientôt des larmes innocentes.

A quoi réplique Jocaste :

» Je vous verrai toujours, la couronne à la tête,
» De sa place en mon lit faire votre conquête.
&c, &c, &c.
» La veuve de Layus est toujours votre femme,
» Et n'oppose que trop, pour vous justifier,
» A la moitié du mort celle du meurtrier.
» Pour tout autre que moi votre erreur est sans crime.
&c, &c, &c.
» Et je trouve toujours dans mon esprit confus
» Et tout ce que je suis, & tout ce que je fus.
» Je vous dois de l'amour, je vous dois de la haine.
&c, &c, &c.

Voilà la plate & fausse métaphysique exprimée dans le galimatias dégoûtant que M. de Voltaire daigne imiter de Corneille. Car cette scene de M. de Voltaire, en voici le fonds :

ŒDIPE.

» Vous voyez mes forfaits, libre de votre foi,
» Frappez, délivrez-vous de l'horreur d'être à moi.

JOCASTE.
» . . . . . Que faites-vous, Seigneur ?
» . . . .
» Vivez.

ŒDIPE.
» Ah ! je n'écoute rien ;
» J'ai tué votre époux.

JOCASTE.
» Mais vous êtes le mien.

ŒDIPE.
» Je le suis par le crime.

JOCASTE.
» Il est involontaire.
» . . . .
» . . . .

ŒDIPE.
» N'importe, il est commis.

JOCASTE.
» O comble de misere !

ŒDIPE.
» O trop funeste hymen ! O feux jadis si doux !

JOCASTE.
» Ils ne sont point éteints; vous êtes mon époux.

Ce beau dialogue est interrompu par Dimas qui vient leur apprendre, dans la scene suivante, *qu'un étranger qui arrive de Corinthe demande à voir Œdipe*, qui ferme le quatrieme acte pour aller voir cet étranger. Mais, au lieu de le voir dans l'intervalle du quatrieme au cinquieme acte, ce n'est cepen-

g iv

dant qu'à la seconde scene du cinquieme acte qu'Œdipe l'envoie chercher pour lui parler. De sorte que voici, d'une maniere encore plus grave, le défaut essentiel & mortel que M. de Voltaire avait avoué exister entre le troisieme & le quatrieme acte.

ACTE V.
SCENE II.

Cette scene est toute entiere de Sophocle, quoique M. de Voltaire n'en dise rien.

Icare est chez lui le *Berger* de Sophocle, qui apprend à Œdipe *qu'il n'est point fils de Polybe*. Et quoique M. de Voltaire prétende qu'il fallait que Corneille *méprisât bien Sophocle, puisqu'il n'en emprunta ni beautés ni défauts*. Comme l'*Iphicrate* de Corneille est le même personnage que le *Berger* dans Sophocle, & que l'*Icare* dans M. de Voltaire ; cette seconde scene du cinquieme acte de M. de Voltaire est précisément la seconde scene du cinquieme acte de Corneille.

Je suis si fatigué de remarquer dans M. de Voltaire de si grands défauts, que, sans entrer dans les détails, qui affurément ne feraient pas étrangers à l'examen dramatique de cette fcene, je ne ferai que rappeller au Lecteur ce que j'en ai dit à l'occafion de l'examen que M. de Voltaire fait de cette même fcene dans Sophocle. J'ajouterai feulement qu'il me femble que Sophocle a très bien fait de ne pas féparer Jocafte d'Œdipe dans le moment qu'il allait s'inftruire du fort qu'elle partageait avec lui, fur-tout quand ces éclairciffements devaient la déterminer à preffer tendrement Œdipe de ne pas s'acharner à pénétrer un fort déjà fi clair pour elle; qu'il lui fait prendre le parti de quitter la fcene en lui difant : *O le plus infortuné des hommes ! je te parle pour la derniere fois.* Pour s'écarter fi malheureufement de Sophocle, afin de conferver une ou deux fcenes de plus pour le cinquieme acte, M. de Voltaire ramene Jocafte à froid fur le théâtre, & la met dans une fauffe pofition dramatique, en lui faifant apprendre, par un récit bien froid, ce qu'elle aurait dû favoir par l'action que Phorbas venait de produire.

D'ailleurs M. de Voltaire, qui vient de faire dire si ridiculement par Œdipe à Icare: *Polybe n'est point mon pere ! & qui suis-je, grands Dieux !* comme s'il ne pouvait pas avoir d'autre pere que Polybe, fait obstiner Œdipe avec la démence qu'il reproche à l'Œdipe de Sophocle, à ne point fe douter de ses destins; quoiqu'après la reconnaissance d'Icare & de Phorbas, duquel lui Icare a reçu l'enfant qu'il exposait sur le mont Cythéron, il dise à Œdipe, en lui montrant Phorbas:

„ Vos destins font connus, & voilà votre pere.

Ridicule obstination, qu'Œdipe pousse au point de soutenir à Phorbas qu'il est son fils, quoiqu'il vienne de lui dire : *vous n'êtes point mon fils*; & cela, parcequ'il ne doute plus que Phorbas ne l'ait exposé sur le mont Cythéron.

„ Eh quoi! n'avez-vous pas exposé mon enfance ?

comme si c'était une raison péremptoire pour que Phorbas soit son pere.

EXAMEN DE L'ŒDIPE
DE M. DE LA MOTE.

ŒDIPE apprend à Dimas, *que cette nuit* ACTE I. *Apollon lui a dit que les maux de Thebes* SCENE I. *ne finiraient que lorsque son sang désarmerait la colere céleste : qu'il ne balance pas, & que lui Dimas aille avertir le Grand-Prêtre du sacrifice auquel il se résout.* Jocaste SCENE II. arrive, & Dimas ne manque pas de lui apprendre *le tragique exemple qu'Œdipe veut donner aux Rois.* Mais Œdipe l'envoie SCENE III. exécuter ses ordres, ce qui fait que Jocaste s'écrie ; *Œdipe veut mourir ! Déjà la voix me manque.* Et tandis que la Reine est suffoquée, Œdipe lui raconte *que les Dieux ont cette nuit prononcé leurs décrets.* A quoi Jocaste répond :

» Que sert de m'annoncer l'ordre incertain des Dieux,
qu'elle a bien su braver, sans balancer, le céleste courroux, dont elle devait subir les fureurs vengeresses, si jamais de l'amour elle écoutait les faiblesses.

A quoi Œdipe réplique : *que le ciel punit la folle ambition qu'il eut de quitter l'obscurité dans laquelle il était né, pour imiter les Héros. Que si le ciel parut l'aider à mériter la main de Jocaste & le trône de Layus, sa faveur ne fut qu'une illusion, puisque, malgré ses soins, son peuple lui échappant, il meurt autant de fois qu'un des Thébains expire.* Alors Jocaste ordonne à Phœdine d'aller chercher les deux Princes fils d'Œdipe, pour recevoir les adieux de leur pere & les siens.

On voit que Jocaste veut mourir, & l'on se doute bien qu'Œdipe n'y consent pas. SCENE V. Etéocle & Polinice arrivent pour *recevoir les adieux d'Œdipe*, mais Dimas arrive aussi SCENE VI. du Temple où Œdipe l'avait envoyé ; & quand Œdipe a renvoyé ses enfants, *parceque Dimas n'ose parler devant eux*, il annonce à Œdipe que *le Grand-Prêtre du Dieu qu'il imploroit, étant tout-à-coup plein, a dit que le ciel lassé d'attendre que Thebes lui immolât le meurtrier de Layus, veut qu'un fils de Jocaste périsse :* sur quoi Œdipe s'écrie :

» C'est ainsi qu'aux Autels mon sang doit se répandre.

Et voilà le premier acte.

LE second commence par faire raconter à Phœdime par Jocaste tout ce qu'elle aurait su, si Phœdime avait amené sur la scene Etéocle & Polinice. ACTE II SCENE I.

A l'occasion du destin qui menace Etéocle ou Polinice, Jocaste s'écrie :

» Ciel, de tous mes enfants le sang doit-il couler?
» Et ne les mets-je au jour que pour les immoler ?

& rappelle alors l'oracle qui menaçoit Œdipe.

» . . . . Le fils que tu vas mettre au jour
» Entrera dans ton lit meurtrier de son pere.
» Si tu veux l'éviter, garde toi de l'amour.
» Il mourut condamné des Dieux & de sa mere :
» Victime de ma crainte & de votre colere.

Ce beau discours est interrompu par Polinice, qui demande à Jocaste : SCENE II.

» Pourquoi nous retient-on captif en ce Palais,
&c, &c, &c.
» Est-ce donc qu'aujourd'hui le Roi se sacrifie ?

A quoi Jocaste répond ;

» Non, Polinice, non ; le sort vient de changer.

Polinice réplique :

» Si l'on ne tremble plus pour ses jours précieux,
» De quels gémissements retentissent ces lieux ?

& Jocaste lui répond :

» Le Roi ne mourra point, croyez-en votre mere.

Il faudrait entrer dans trop de détails auxquels je ne veux point me livrer ici, pour prouver que l'Ecrivain qui parodie ainsi ces mots, arrachanr de Racine :

» Vous y ferez, ma fille.

n'a jamais pu faire un bon vers que malgré lui, & sans qu'il s'en doutât.

SCENE III. Enfin Etéocle & Phœdime arrivent sur la scene.

Etéocle apprend à sa mere & à son frere *qu'il est informé que les Dieux veulent le sang d'un des fils de la Reine, & qu'il va s'immoler.* A cela Polinice, qui ne laisse échapper aucune occasion d'établir son important droit d'aînesse, ne manque pas de dire à Etéocle :

» Qui vous fait pour vous seul prendre le choix des Dieux ?
» Votre orgueil jusques-là méconnoît-il un frere ?
» Ne puis-je prendre ici la place de mon pere ?

à quoi Etéocle répond bien vîte :

» Songez, puisque les Dieux ne vous désignent pas,
» Songez que c'est moi seul que leur choix intéresse;
» Et qu'une gloire unique est due au droit d'aînesse.

Et voilà une dispute établie sur le droit d'aînesse, qui cependant est bientôt interrompue par l'arrivée d'Œdipe, qui leur apprend *qu'ils n'ont pas besoin de disputer en-* SCENE IV. *tre eux à qui doit mourir, parcequ'il vient d'entendre de la bouche du Grand-Prêtre l'oracle qu'il avait prononcé*; que lui Œdipe ignorait jusqu'alors que Layus eût été assassiné, & que ce fut l'impunité de son meurtrier qui causa tous les maux de Thebes.

C'est cependant cet oracle que Dimas est venu lui rapporter à la derniere scene du premier acte. Mais il dit ici, *qu'il a demandé au Grand-Prêtre du temps pour chercher ce meurtrier*; & par conséquent qu'il espere sauver ses enfants, si cet assassin périt. Et voilà encore Etéocle & Polinice chassés du théâtre par Œdipe, comme des polissons; parcequ'il doit entretenir secrètement la Reine,

» De laquelle il attend ce qu'il faut qu'il apprenne.

Alors il reproche à Jocaste *de l'avoir abusé* SCENE V. *sur le destin du Roi:*

» Et de sa triste mort déguisé l'aventure.

Là-dessus Jocaste l'assure *qu'Iphicrate seul*

témoin de son trépas lui en fit le rapport qu'il n'ignore pas. Œdipe se rappelle bien qu'Iphicrate lui dit, *que lui seul échappa à la fureur d'un lion qui dévora Layus & sa suite.*

SCENE VI. Mais comme Œdipe avait oublié de voir alors cet Iphicrate, il demande à la Reine *ce qu'il devint*, & la Reine va l'envoyer chercher, lorsque Dimas, qui sait toujours le premier toutes les nouvelles, vient leur annoncer qu'*Iphicrate est mort.* On croit que cela va produire bien des événements ; mais M. de la Mote n'aime pas les embarras. Le bon-homme *Iphicrate en mourant a fait un testament de mort*, dont il a chargé pour la Reine, un vieillard qui vient le lui apporter. Ce qui fait dire très judicieusement à Œdipe : *il faut donc l'écouter.* Et voilà la fin du second acte.

Mais si l'on croit que Jocaste & Œdipe sont allés apprendre le secret qu'Iphicrate chargea le vieillard qui vient d'arriver de leur communiquer, on se trompe beaucoup ; car ces poliçons d'Etéocle & de Polinice, qui sont toujours chassés du théâtre,

comme

comme mauvais train, dès qu'ils paraissent, y reviennent, comme de raison, dès qu'ils peuvent; & ce sont ces Messieurs *qui ren-* *contrent sur le théâtre ce vieillard*, qu'on croit qu'Œdipe & Jocaste ont été retrouver dans le lieu où Dimas l'avait fait attendre. Et c'est dans cette scene qu'ils apprennent *que ce vieillard, qui est un berger, est inconsolable d'avoir perdu un enfant précieux, qui, au lieu d'aimer à garder les troupeaux, n'avait que l'ambition d'imiter un Héros;*

ACTE III.
SCENE I.

 » *Et que la gloire enfin arrachant de ses bras,*
 » *Le fit suivre depuis au bruit de ses combats,*
 » *Bien qu'il perdît toujours la trace de ses pas.*

Mais comme les traces d'un Héros ne sont marquées que dans l'air par le bruit de la renommée, on voit bien que le berger Polémon dut chercher inutilement sur la terre, la trace héroique de son fils.

Telle est la petite métaphysique que M. de la Mote donne à son pauvre berger Polémon.

Mais Jocaste arrive bientôt; & voilà que SCENE III.

h

le dialogue d'un seul vers suffit pour qu'Etéocle & Polinice soient encore chassés.

JOCASTE.
» Est-ce là ce vieillard ?
POLINICE.
» Oui, Madame.
JOCASTE.
» Sortez.

SCENE IV. Et Polémon apprend à Jocaste, qu'étant près du lit d'Iphicrate lorsque Dimas l'est venu chercher pour parler au Roi, Iphicrate, expirant de douleur, lui a dit :

» Mon mensonge a caché le destin de Layus.
» J'ai dit qu'un monstre affreux, malgré tout son courage,
» L'avoit fait, à mes yeux, expirer sous sa rage.
» Mais, ami, ce malheur n'est qu'un fait inventé,
» Dont je voulus alors couvrir ma lâcheté.

Le vrai, c'est qu'un jeune homme en cet étroit chemin qui sépare les chemins de Thebes & de Corinthe, massacra Layus & les siens. Allez dire la vérité à Jocaste, qui renvoie Polémon chez Dimas, & qui raconte SCENE VI. à Œdipe dans la scene sixieme ce que Polémon vient de lui dire. Ce qui fait qu'Œdipe s'écrie :

» Malheureux ! oserai-je en savoir davantage ?
» Je tremble du rapport & des temps & des lieux.

J'entrais dans ce chemin lorfque je rencontre des infolents qui vouloient que, tournant en arriere,
» *Au char qui les fuivoit j'ouvriffe la carriere.*
» *Un coup audacieux mit le comble à l'affront.*
L'un d'eux fuit, & je tuai les deux autres.
JOCASTE.
» Ah! ne m'accablez plus ;
» Je ne connois que trop le malheureux Layus.
ŒDIPE.
» La haine de Jocafte eft déjà mon falaire.
& Jocafte l'affure, comme celle de Corneille & de Voltaire, *qu'elle voit toujours en lui ce Héros adoré,*
» A qui feul pour jamais tout ce cœur fut livré.

Or, on voit que M. de la Mote ne s'eft déterminé à faire méconnaître à Œdipe qu'il devait tuer fon pere & époufer fa mere, que pour ne pas imiter abfolument tous les détails du plan de Sophocle : mais non pas pour éviter l'inconvénient qui réfulte dans Sophocle, dans Corneille & dans Voltaire, d'avoir inftruit Œdipe & Jocafte de leur fort ; & de leur avoir donné le temps avant leur mariage de l'éclaircir entre eux : car

M. de la Mote jette sur sa Jocaste, non-seulement la faute qu'Œdipe & Jocaste partagent dans le plan de Sophocle, mais l'agravant sur la tête de Jocaste, par la circonstance de réunir à l'oracle qui lui prédit qu'elle devait épouser le meurtrier de Layus & son fils, le salutaire avis de se défendre contre l'amour; il détruit non-seulement l'effet dramatique qu'il aurait tiré de l'ignorance à laquelle il condamne Œdipe sur son sort ; si ce parti, M. de la Mote l'eût pris en Poëte, & non pas simplement en homme d'esprit; mais au lieu de corriger la faute dont il paraît s'éloigner, il l'agrave tellement sur la tête de Jocaste, que le mariage d'Œdipe & de Jocaste est encore plus inexplicable dans sa sa piece que dans celle de Sophocle, parceque ce mariage n'étant que l'effet du pouvoir de la fatalité, & n'étant point forcé par un oracle, qui paraît se lier à une cause publique & de premiere nécessité politique, telle que je le suppose dans mon ouvrage; leur mariage ne paraissant donc plus qu'un effet naturel de leur penchant réciproque, & la récompense plus ou moins éloignée, promise seulement par le peuple, non par les Dieux, au vainqueur du Sphinx; les oracles dont Œdipe & Jocaste sont également instruits dans Sophocle, devaient bien moins les empêcher mutuellement de se marier, que la seule révélation de cet oracle à Jocaste, avec une circonstance nouvelle, qui ne devait pas lui laisser douter que l'amour lui nommerait le meurtrier de Layus, lorsqu'elle ressentirait la tendresse dont elle était menacée.

Il y a des gens d'esprit qui, au lieu de l'avoir dans leur cerveau, l'ont à la pointe de leurs cheveux, comme Samson y avait sa force. Mais l'esprit serait bien peu dramatique quand même il seroit renfermé dans la tête. Racine l'avait dans le cœur, & c'est alors que ses passions lui donnent l'essor, qu'on appelle génie; & que ses désirs lui donnent la mobilité, qu'on appelle imagination.

Nous ouvrons avec M. de la Mote le quatrieme acte. ACTE IV. SCENE I.

Jocaste dit à Phœdime, qu'elle est bien malheureuse, mais qu'elle était menacée de l'être bien davantage ; qu'elle n'est pas étonnée que les Dieux aient un peu de courroux contre elle, puisqu'elle a démenti leurs prédictions, & que son fils, au lieu d'entrer dans le lit de sa mere, après avoir été l'assassin de son pere, est mort exposé par les soins d'elle, Phœdime, sa digne confidente.

SCENE II.
SCENE III. Œdipe interrompt cette scene pour apprendre à Jocaste qu'il va interroger Polémon qui arrive, & qui n'est pas plutôt arrivé qu'Œdipe, lui donnant à peine le temps de dire que tout ce qu'il a raconté à Jocaste, est la vérité pure, le reconnaît pour son pere. Ce qui paraît si gracieux à Polémon, qu'il dit :

» Je ne puis soutenir le poids de tant de gloire.
» La vérité, Seigneur, doit enfin éclater.

Et comme Œdipe a peur que Polémon ne radote, il lui dit très sensément :

» Mon pere, oubliez-vous que je suis votre fils ?

A quoi Polémon répond :

» Je me croirais, Seigneur, un sacrilege, un traître,
» Si plus long-temps rebelle à mes secrets remords,
» J'osois de votre erreur adopter les transports.

SUR LES ŒDIPES. 119

Et lui raconte *comment le trouvant exposé il eut pitié de sa vie ;* Jocaste très effrayée, prie Œdipe *de la laisser seule avec Polémon.* E comme Dimas vient fort-à-propos annoncer à Œdipe *que les Thébains se plaignent des façons qu'il fait pour se dévouer à la mort,* Œdipe laisse Jocaste avec Polémon pour appaiser la révolte. SCENE IV.

» Révolte étrange, hélas ! qui n'a pour toutes armes
» Que des cris languissants, des soupirs & des larmes.

Jocaste apprend donc de Polémon *que la pitié pressant son cœur à l'aspect d'une femme qui allait exposer cet enfant sur le mont Cithéron ; elle consentit à le lui donner,* &c. SCENE V.

Jocaste *fait avancer Phœdime devant lui ; la lui confronte, il la reconnaît.* Jocaste lui ordonne *de s'en aller & de garder le silence,* & à Phœdime, *de fuir sa présence.*

Et voilà le quatrieme acte fini.

Le cinquieme acte commence par Jocaste & par Œdipe, qui demande à sa chere épouse la cause qui accroît son trouble. Jocaste s'obstine à la cacher ; Œdipe *persiste à vouloir la connaître ;* & Jocaste lui dit que *s'il cesse* ACTE V. SCENE I.

h iv

de *l'importuner, elle la lui apprendra quand*
SCENE II. *il faudra.* Œdipe la laisse donc aller & reste seul, monologuant un petit moment sur la scene, jusqu'à ce que cet Etéocle qu'on n'avait point vu depuis si long-temps, & qui n'avait paru sur la scene que pour en être chassé, revienne apprendre à Œdipe que Jocaste *vient de chasser son frere & lui de sa*
SCENE III. *présence.* Et l'instant d'après Polinice, que Jocaste *a chassé aussi de sa présence*, vient dire à Œdipe:

> » . . . . , Par Jocaste arrêté
> » A sa porte, Seigneur, je m'étais écarté.
> » &c, &c, &c.
> » Quand Phœdime soudain jette un cri douloureux,
> » Ce cri m'a fait rentrer. . . . .

Mais la Reine nageant dans son sang, ayant jetté sur moi son regard effrayant, me dit: Va-t-en porter au Roi, dans ce dernier instant, cet écrit qui contient le secret qu'il attend.

Œdipe lit cet écrit & se frappe, lorsque Dimas, l'éternel porteur de nouvelles, vient apprendre que *des malheurs publics le cours est achevé.*

Et nous acheverons aussi ce court examen de l'Œdipe de M. de la Mote, en remarquant que le cours d'un canal s'acheve, mais que les Dieux suspendent, arrêtent ou terminent celui des malheurs, & ne l'achevent pas.

Après n'avoir pu me défendre de rire un peu en faisant l'examen de la Piece de *M. de la Mote*, j'avoue très sincèrement que ce n'est pas sans quelques inquiétudes paternelles que je vois enfin arriver l'instant de présenter ma Jocaste au Lecteur : quoique j'aie la franchise de lui déclarer qu'au lieu de faire aussi généreusement que *M. de Voltaire* la critique de mon Ouvrage, je prétends en faire l'apologie.

Je n'ai suivi *M. de la Mote* scene par scene, que pour établir les raisons qui me déterminent d'exclure tout-à-fait son plan de la comparaison que je dois faire entre ceux de *Sophocle*, de *Corneille*, de *Voltaire*, & celui que j'ai créé. Le mérite personnel de *M. de la Mote* m'a condamné à ce travail, dont l'oubli qui couvre les autres Tragédies sur le même sujet m'a dispensé. La plupart des Auteurs dont je ne parle pas, tels que le *Dolce*, par exemple, qui a traité le sujet d'*Œdipe* sous le titre de *Jocaste*, ont mis sur la scene toute la postérité d'*Œdipe* : ainsi mon plan ne peut avoir rien de commun avec le leur.

On se rappelle que *M. de Voltaire* en reprochant à *Sophocle* & à *Corneille* d'avoir *souvent perdu de vue que la vengeance de la mort de Layus est le sujet de leur Piece*, pose en fait, par conséquent, que la vengeance de la mort de Layus est le sujet d'*Œdipe*. J'ose dire que cela est ainsi dans le plan de *Sophocle* & dans ceux de ses imitateurs. Mais ce n'est pas le sujet qu'on devait traiter. L'action théâtrale de *Sophocle* suppose l'action historique que le sujet réel a déjà donnée, il y a vingt ans. De-là naissent ; (puisque *M. de Voltaire* a tranché le mot) la foule d'absurdités dont fourmillent ces Tragédies ; parceque leur action n'est qu'artificielle & totalement différente de l'action véritable qu'eût produit le sujet réel, qui n'a aucun autre antécédent dramatique que les Oracles qui apprennent à Layus, *que le fils auquel il vient de donner le jour, doit être l'assassin de son pere & le mari de sa mere*, & l'Oracle qui, long-temps après, apprend à Œdipe, qu'*il doit assassiner son pere & se marier avec sa mere*.

Ainsi, le sujet & l'action de la Tragédie de *Sophocle* ne sont pas sur leurs bases naturelles: son action n'est rien autre chose que le récit théâtral de l'action réelle, passée il y a vingt ans. *Sophocle* a pris pour sujet de son action, (ainsi que *M. de Voltaire* l'a remarqué) la vengeance de la mort de *Layus*, tandis que c'est la mort de Layus qui est une partie essentielle de l'action qui résulte des données historiques, ou fabuleuses, qui forment la base de la tragédie d'*Œdipe*. De sorte que les situations dans lesquelles se trouvent les personnages de Sophocle sont l'effet d'une cause qui n'a rien produit dans le moment de son existence; mais seulement vingt ans après qu'Œdipe avait tué son pere & épousé sa mere. Aussi les mouvements de l'action théâtrale de *Sophocle* & de celles de ses imitateurs, ne sont, pour ainsi dire, que les mânes de l'action réelle : & ces mânes, au lieu d'errer autour de leurs tombeaux, se trouvent au bout de vingt ans, dans une terre étrangere & profane, car on les voit paroître dans un sujet qui, non-seulement ne les conjure pas, mais qui aurait dû les laisser reposer dans l'azile que le vrai sujet d'Œdipe leur a consacré.

Pourquoi donc ne pas représenter l'action qui résulte du sujet réel que donne la fatalité, lorsqu'en l'abandonnant, & prenant alors pour sujet *la vengeance de la mort de Layus*, on est entraîné dans la foule d'absurdités que *M. de Voltaire* croit inhérentes au sujet ; tandis qu'inhérentes au sujet tel qu'ils l'ont conçu, le sujet véritable n'en comporte pas une seule.

Il est vrai que le sujet tel que je l'ai créé

est encore bien plus intraitable que celui de *Sophocle* ne semble l'être à *M. de Voltaire*. Car la vengeance de la mort de Layus n'étant plus l'action de mon plan, je me prive de toutes les ressources de *Sophocle* pour exécuter le sien. Je ne puis plus menacer plusieurs personnages de se trouver être Œdipe; je suis privé du mouvement dramatique que donne à Œdipe l'espérance de pouvoir être le meurtrier de Layus sans être son fils. Je suis même privé d'accuser Œdipe d'être le meurtrier de Layus, au lieu de pouvoir commencer mon action en accusant ou *Créon*, ou *Thésée*, ou *Philoctete*, d'être coupables de ce meurtre. Personnages qui cessent jusqu'à un certain point d'être épisodiques, lorsqu'ils peuvent être menacés des recherches qui forment l'objet de l'action, & qui seroient totalement étrangers à la mienne; mais qui n'en fournissent pas moins des scenes & de belles scenes. Enfin, je suis privé des ressources que donne le Berger de Corinthe, qui vient apprendre à Œdipe que

Polibe n'est point son pere, & de celles qu'on tire de *Phorbas*, le seul témoin de la mort de Layus.

L'unique artifice que j'eusse pu conserver dans mon action, ou plutôt, le seul moyen que j'eusse pu y faire entrer, eût été le témoin de la mort de Layus : mais quoique dans mon Ouvrage, ce moyen eût été aussi naturel qu'il l'est peu dans les autres Œdipes, puisque dans ma Tragédie, j'aurais pu ne faire expirer *Euphémon* que sur le théâtre ; tandis que, dans *Sophocle* & *Corneille*, ce témoin est conservé depuis vingt ans pour reconnaître Œdipe, & qu'ils l'ont enfermé de peur qu'il ne parlât trop tôt. J'ai rejetté cette ressource, parcequ'elle seule changeait la tournure tragique par laquelle le sort d'Œdipe lui paraît éclairci par une évidence irrésistible : ce qui est infiniment plus dramatique, qu'une confrontation de témoins.

Ces ressources dont je me suis privé, forment cependant le sujet que *M. de Voltaire* appelle *un sujet intraitable*, & *qui fournit à peine un ou deux actes*; quoiqu'il confonde avec le sujet de la Tragédie, la Tragédie toute entiere & toute faite. Il est vrai que sans les déclamations & sans les chœurs de la Tragédie de *Sophocle*, elle ne donne que trois actes, & que pour en faire cinq, M. *de Voltaire* n'attaque réellement son sujet qu'à la premiere scene du quatrieme acte; & *Corneille*, à la quatrieme du troisieme, & qu'ils ont rempli tous les autres actes; *Corneille*, par des personnages analogues, mais non pas nécessaires; & M. *de Voltaire*, par le personnage absolument épisodique de *Philoctete*.

Mais toutes ces ressources créées par *Sophocle* dépendent de tant d'invraisemblances que leur concours rend encore plus frappantes, qu'elles donnent un caractere si artificiel à son action, qu'elle ne paraît dramatique, que parcequ'elle est tragique. Différence totale, & que le Lecteur sentira s'il considere que l'action, dans *Sophocle*, *Corneille* & *Voltaire*, n'est rien autre chose qu'un procès criminel ; car le cours entier de leur action consiste dans une accusation criminelle contre Œdipe, dans sa récrimination : dans les plaidoyers des accusés ; dans l'interrogatoire des témoins, dans la confrontation de ces témoins ; & enfin, dans une sentence. La scene de cette action doit être une Cour de justice criminelle, & non pas le palais de Layus.

Si l'on remarque que cette action n'est que tragique, & n'est pas du vrai genre dramatique, & si l'on se rappelle qu'elle n'existe que par une foule d'invraisemblances, plus répugnantes les unes que les autres à la droite raison, on me pardonnera sans doute d'avoir créé un plan totalement différent de celui de *Sophocle*, lorsque *Corneille*, *Voltaire* & *la Mote* s'applaudissent d'avoir employé tous les efforts de leur esprit pour s'écarter du plan de *Sophocle*; tandis que les grandes beautés que *Sophocle* avait su créer & joindre au sujet vicieux qu'il avait choisi, ont toujours ramené ses imitateurs à le suivre dans la carriere qu'il avait ouverte.

Il semble donc que je devrais d'autant moins douter de l'indulgence du public que je crois avoir établi que je la mérite davantage. Mais je suis assez vieux pour savoir que ce n'est pas le plus sûr moyen d'en jouir.

Après m'être convaincu, que l'*action* dans le *sujet* de la mort de Layus, ne porte pas sur ses bases naturelles, parceque la vengeance de la mort de Layus, n'est pas le sujet réel, qui résulte des données historiques; & que la vérité de cette action est détruite, en devenant le récit continuel de l'action réelle qui résulte du meurtre de Layus & de l'hymen de Jocaste & d'Œdipe. J'ai senti que dans l'exécution des Tragédies de Sophocle, Corneille & Voltaire, le présent était toujours couvert par l'ombre du passé. Cette ombre est froide & l'intérêt n'y peut jamais germer. Aussi, quoique l'action dans Sophocle ne soit pas suspendue, tandis qu'elle l'est à chaque instant par les épisodes de ses imitateurs; elle est beaucoup plus vive dans Sophocle, sans devenir beaucoup plus chaude. Et la curiosité, le grand ressort de ce sujet, y demeure stérile, au lieu d'y produire aucun pathétique, parceque loin d'être excitée par un mystere que vous avez intérêt de pénétrer, vous découvrez à chaque instant qu'on a combiné d'une maniere absurde une foule de circonstances, toutes plus invraisemblables les unes que les autres. Aussi ai-je cru appercevoir que l'attrait invincible qui a forcé les plus grands génies de tous les siecles à traiter le sujet d'Œdipe, étoit le plaisir de s'approcher du sujet réel, & de se consoler pour ainsi dire, de la difficulté de traiter l'action dramatique, prise sur le temps, (si l'on peut s'exprimer ainsi) en traitant l'action historique, & par conséquent seulement poétique. Différence qu'on peut comparer à celle qui existe nécessairement entre le portrait de Layus vivant, & celui de Layus mort. J'ai osé le peindre, tandis que les derniers momens de sa vie rendait sa physionomie si difficile à saisir, & ne donnait pour cadre à son tableau que les faits historiques que j'ai circonscrits dans l'Oracle, qui apprend à Layus qu'Œdipe est menacé de tuer son pere, & de brûler pour sa mere d'un amour incestueux; & qui apprend long-temps après, à Œdipe, qu'il doit être le meurtrier de son pere, & le mari de sa mere.

Il résulte de ces deux faits historiques, présentés sous cette forme, que le seul moyen que je puisse employer pour lier les deux parties de mon sujet, (le meurtre de Layus par Œdipe; & l'hymen d'Œdipe avec Jocaste) étoit le sphinx : mais comme l'himen de Jocaste avec Œdipe est aussi essentiel à mon action, que la mort de Layus; & que pour conserver à mon Ouvrage la touchante impression de la terreur & de la pitié, je devais éviter de soumettre mon action à l'inflexible fatalité, qui détruit toujours l'intérêt qui naît seulement de l'espoir & de la crainte; parceque la fatalité accable encore l'esprit, lors même qu'elle le révolte. J'ai senti que pour presser mon action & la resserer dans ses limites naturelles, il fallait la rendre nécessaire par une raison d'état, qui eût sur Jocaste la force de l'entraîner aux autels, sans l'y pousser par l'aveugle puissance de la fatalité. Et qui put l'empêcher cependant d'insister pour obtenir du peuple de ne pas éclairer son hymen des flambeaux de la pompe funebre de Layus. Je crois donc que l'idée d'avoir infecté l'air par les derniers soupirs du sphinx, est la plus heureuse que je pusse employer pour lier les deux faits antécédents que le sujet m'avait donnés, mais tellement épars, que les Auteurs des Œdipes n'ayant pas eu l'idée nécessaire pour les réunir, ont *pris la vengeance de la mort de Layus* pour le sujet de leurs Tragédies.

En effet, à moins de créer le sujet qui donne l'action réelle, c'était l'action passée qui devenait l'unique sujet de l'action théâtrale à représenter. Et *Layus* mort depuis long-temps, *Jocaste* mariée avec *Œdipe* depuis plusieurs années, ne donnaient plus pour action que *la vengeance de la mort de Layus*.

Mon action réelle commence donc avant mon action apparente; car, pour qu'*Œdipe* entrât dans l'action théâtrale, il fallait qu'il apprît trois jours auparavant de former à Thebes l'action qu'il y produit, le destin qui lui étant réservé, le fait fuir des déserts du *Cithéron*, afin d'accomplir son sort, en croyant l'éviter.

Je suppose & j'en étais le maître, que le *Cithéron* avait des déserts assez inaccessibles pour que la difficulté d'aborder l'azile dans lequel *Eudox* élevait *Œdipe*, suppléât au défaut de distance de la retraite que *Layus* lui avait choisie.

Enfin, m'étant imposé de faire dépendre entièrement la connaissance qu'*Œdipe* devait avoir de lui-même, de tout autre moyen que de la conviction dramatique, je l'ai déjà éloigné quelquefois deux jours des foyers paternels. *Eudox* devait donc attendre trois jours pour venir avertir Layus, de la nouvelle absence d'Œdipe. Mais Œdipe ayant mis trois jours pour arriver à Thebes, il est naturel de penser qu'il a au moins un jour d'avance sur *Eudox*, ou sur l'esclave que le vieil *Eudox* eût pu envoyer à Layus.

Il est aussi naturel de penser que Layus

aimé des Dieux, & par eux averti du sort dont le destin menaçoit Œdipe, mais non pas des destins absolus qu'il devait subir ; au lieu de le condamner à la mort, devait lui conserver la vie ; puisque les Dieux avaient conservé à Layus l'espérance qu'Œdipe n'était que menacé d'un sort funeste, sans y être condamné par la fatalité. Cette circonstance particuliere à mon sujet, en écarte une foule d'invraisemblances, dont la plus forte dans Sophocle & ses Imitateurs, est sans doute d'avoir fait espérer à Layus & à Jocaste, de pouvoir soustraire leurs fils, à sa destinée connue, en le condamnant à mourir exposé sur le Cithéron.

Mais comme Layus ne devait dire que ce qu'il était forcé de révéler à Jocaste & à ses sœurs, afin de pouvoir dérober Œdipe à leurs regards. Au lieu de faire une confidence entiere & semblable à Jocaste & à ses sœurs, il a dû seulement confirmer le parti qu'il prenait sur Œdipe ; en épargnant à Jocaste l'objet de l'oracle qui lui était relatif, à lui Layus ; &, cachant aux sœurs de Jocaste sa gloire menacée, ne les effrayer qu'en leur faisant entrevoir qu'étant menacé de succomber un jour sous la main d'Œdipe, il allait le séparer de lui par l'intervalle des mers, jusqu'à ce qu'il pût être assuré que le sort dont il se croyait menacé, n'était pas l'arrêt irrévocable du destin.

De-là résulte encore que j'ai pu éviter toutes les absurdités, (car *M. de Voltaire* a tranché le mot) qui rendent le mariage d'Œdipe & de Jocaste si choquant, puisque l'un & l'autre dans *Sophocle* savent en entier leur destin avant de se marier. Ce qui suffirait pour rendre leur mariage révoltant, indépendamment du fait particulier à l'Œdipe de Sophocle d'avoir eu les talons percés, & des circonstances agravantes que *M. de Voltaire* & *M. de la Mote* ont malheureusement imaginées: *M. de Voltaire* en frappant Jocaste de la ressemblance d'Œdipe avec Laÿus; & *M. de la Mote* en faisant dire à Jocaste qu'elle devait se défendre de l'amour.

Mais comme *Sophocle* & ses imitateurs

ont fait du meurtre de Layus & du mariage d'Œdipe avec Jocaste, un antécédent éloigné de l'action qu'ils ont choisie, ils ont été peu scrupuleux sur la composition des faits qu'ils ont pris pour sujet, & qui étoient hors de leur action théâtrale. Et c'est à ce défaut de la constitution de leur sujet, que tiennent tous les défauts de leur action.

Quoiqu'il soit dans la fatalité du sort de Jocaste de s'enflammer pour Œdipe, & que dans ma piece, elle ne puisse pas imaginer que le meurtrier de Layus peut être son fils, puisque jamais Layus ne lui a dit qu'Œdipe pourrait être son meurtrier ; & qu'existant sous l'empire inquiet de Layus, effrayé par l'Oracle qui l'a séparé de son fils ; Jocaste n'a pas dû oser consulter elle-même les Dieux, qui d'ailleurs auraient pu ne pas répondre aux prieres qu'elle ne pouvait leur adresser sans risquer de déplaire mortellement à Layus ; & qu'enfin, la réflexion du spectateur soit à peine blessée, dans les autres Œdipes, du mariage de Jocaste & de son fils ; parceque leur hymen, est un antécédent, & non pas une action dont il est témoin. J'ai senti cependant qu'il pourrait être choqué de l'action de leur hymen, quoique dans ma Piece il n'ait plus rien de révoltant, puisque le spectateur, au lieu d'être instruit du sort d'Œdipe & de celui de Jocaste, précédemment à leur hymen, est si peu informé qu'Œdipe & Jocaste savent le destin dont ils sont menacés, qu'il doit apprendre par le développement de l'action, qu'Œdipe ne peut pas se douter d'être fils de Layus & de Jocaste ; & que Jocaste ne sait point que le meurtrier de Layus doit être son fils. Malgré ces considérations, j'ai cru convenable de ne faire rencontrer Œdipe & Jocaste qu'aux autels. Et de n'y entraîner Jocaste que par la raison d'état & celle du salut public, qui la forçait à remplir toutes les conditions que le Sphinx paraissait avoir indiquées aux Thébains pour anéantir la mortelle contagion de la peste. Raison si supérieure à la résistance naturelle d'aller aux autels de l'hymen, dans l'instant qu'elle apprend la mort de Layus, qu'indépendamment de ce que le peuple n'exige pour le salut public, dans lequel Jocaste elle-même est comprise; & pour lui conserver le trône, auquel la mort de Layus & le Sphinx appellent le vainqueur du Sphinx; que d'aller trouver Œdipe aux autels : Jocaste, cependant n'y va comme *Andromaque*, que dans le dessein de s'y immoler, après avoir exécuté ce que le destin paraît exiger d'elle pour sauver l'Empire. Aussi, c'est, en vérité, sans concevoir aucun fondement à la critique qu'on fera cependant contre cet hymen, que je vais y répondre d'une maniere qui me paraît péremptoire.

Non-seulement il est de toute nécessité, puisqu'il est prescrit par la fatalité; mais au lieu d'être exécuté dans ma Piece avec toutes les circonstances révoltantes dans lesquelles il est supposé s'être exécuté dans *Sophocle*, *Corneille*, *Voltaire* & *la Mote*, il est forcé dans la mienne par la raison d'état & la volonté publique, dont j'ai créé les causes apparentes, pour cacher l'atroce fatalité qui en est la cause réelle : & qu'il suffit de laisser entrevoir, puisque ses effets agissent déjà comme des causes nécessaires. Ce qui conserve à la fatalité son caractere philosophique; & aux causes théâtrales, leur caractere dramatique. Car la fatalité étant *causa causarum*, (Senec. lib. 2, c. 45, quæst. natur.) *la cause des causes*, ce sont ses premiers effets, qui forment, dramaticalement parlant, les premieres causes théâtrales.

Andromaque n'ayant que l'intérêt personnel de conserver la vie à son fils, pour se déterminer d'épouser le meurtrier de *Priam* & le destructeur de sa patrie, est obligée de rendre compte au spectateur des motifs qui la forcent à ce violent sacrifice; parce que si elle ne lui rendait pas compte de ses motifs, il ne pourrait pas les deviner. Mais comme dans Jocaste le spectateur la voit entraînée aux autels par la force des circonstances publiques, je n'ai pas besoin de lui apprendre ce qui la détermine d'y aller; il l'entend, il le voit: il le sait donc. Si le spectateur était révolté de cet hymen, parcequ'il le confondrait avec les noces d'Œdipe & de

Jocaste, il se tromperoit infiniment de condamner cet hymen sur une idée subséquente & très mal fondée, puisqu'elle ne serait que dans son esprit, & nulle part dans ma Tragédie; & que la nécessité du mariage de Jocaste existe antécédemment à tout soupçon de Jocaste, relatif à Œdipe.

Le spectateur pour se livrer à ce qu'il imaginerait, résisterait donc à l'impression de la force irrésistible du salut public qui entraîne d'autant plus aisément Jocaste aux autels, qu'elle y va s'immoler, après avoir assuré le salut des Thébains, en donnant la main au vainqueur du Sphinx. De sorte que le spectateur jugerait & condamnerait ce qu'il a vu d'après le soupçon de ce qu'il entendra & de ce qu'il verra. Mais ce qu'il imagine entendre & voir ensuite ne ressemble point à ce que je lui dirai, ni à ce qu'il verra. De maniere qu'il condamnerait les deux premiers actes de mon Ouvrage, parce qu'il se serait donné la peine de faire les trois autres absolument différents des miens; & que je ne commence pas l'exposition de mon sujet, par sa catastrophe. La crique que je préviens n'est pas sans fondement, puisque le public n'est plus accoutumé à l'attention qu'exigent les développements de l'intrigue qui forme le nœud d'une action. On ne voit plus sur la scene que les monstres qu'il pouvait créer lui-même dans les vapeurs de la digestion qu'il vient achever au théâtre. Mais, comme des censeurs dont le goût & les mœurs sont formés par l'école si nationale des spectacles du rempart, feront sans doute infiniment plus de cas d'un exemple que des meilleurs raisonnements ; voici un exemple d'une bien autre licence que celle qu'ils pourraient me reprocher.

Tout le monde sait qu'à l'aurore du bon goût qui, dans notre Europe, commença toujours à paraître en Italie, le Prélat *Georgio Trissino*, fit passer de la Grèce chez les Italiens le grand art de la Tragédie, en exécutant le sujet de Sophonisbe qui fut représenté avec la plus grande magnificence à *Vicence*, dès l'an 1514. Mais comme il n'en est pas de la lumiere des sciences, comme de la lumiere du foleil qui nous vient en quelques minutes; ce ne fut que plus de cent ans après, que *Mairet* fit jouer en France en 1633, cette même Tragédie de Sophonisbe.

Un fpectacle informe pouvait plaire à un peuple groffier; ainfi je ne parlerai pas du fuccès qu'eut *Mairet*, dans un temps où les François ne parlaient réellement pas Français. Si l'on prétendoit qu'un peuple parle toujours fa langue, on fe tromperait affurément. Ce ferait confondre les bégaiements articulés de l'enfance de Mademoifelle *Clairon*, avec l'art enchanteur où cette fublime Actrice porta la déclamation.

Corneille crut le fujet de Sophonisbe fi fait pour réuffir, qu'il fit auffi une *Sophonisbe*, à laquelle on préféra celle de *Mairet*: quoique *Corneille* eût abfolument confervé fon plan. Mais comme l'autorité de *Corneille* ne peut pas être d'un grand poids dans la balance du goût des cenfeurs auxquels je réponds ici; voyez un exemple plus impofant pour eux. Il n'y a pas dix ans que *M. de*

SUR LES ŒDIPES.

Voltaire fit repréſenter une *Sophonisbe*; & voilà ce qu'il en dit, ſous le nom de *M. Lantin*, qu'il en ſuppoſe l'Auteur.

« Ce n'eſt pas que *M. Lantin* en ranimant la *Sophonisbe*, lui ait laiſſé tous ſes traits; mais enfin, le fonds eſt entièrement conſervé: on y voit l'ancien amour de *Maſſiniſſe* & de la veuve de *Syphax*; la lettre écrite par cette Carthaginoiſe à *Maſſiniſſe*, la douleur de *Syphax*, ſa mort, tout le caractère de *Scipion*, la même cataſtrophe, & ſur-tout point d'épiſode, point de rivale de *Sophonisbe*, point d'amour étranger dans la Piece.

» Je ne ſais pas pourquoi *M. Lantin* n'a pas laiſſé ſubſiſter ce vers, qui était autrefois dans la bouche de toute la Cour. »

» Sophonisbe en un jour, voit, aime & ſe marie.

Voilà l'hiſtoire de cette *Sophonisbe*, qui plaiſait à toute la Cour de *Louis XIV*.

Je comprends que mes cenſeurs peuvent faire très peu de cas du goût & de la Cour de *Louis XIV*. Mais que répondront-ils ces gens d'un goût ſi pur & ſi chaſte? Il n'y

DISSERTATION

a pas dix ans que *M. de Voltaire* fit jouer *Sophonisbe*, &, au lieu de révolter les mœurs par le mariage de *Sophonisbe*, sa Tragédie eut le plus grand succès, tant que le célèbre *le Kain* eut la force d'y jouer.

Or, voilà l'extrait fidèle de la partie de la Tragédie qui a rapport au mariage de *Sophonisbe* & de *Massinisse*.

ACTE I.

SCENE PREMIERE.

SYPHAX (*une lettre à la main*). SOLDATS.

SYPHAX.

» Se peut-il qu'à ce point l'ingrate me trahisse ?
» Sophonisbe ! ma femme ! écrire à Massinisse !
» A l'ami des Romains... que dis-je ? à mon rival !
» Au déserteur heureux du parti d'Annibal !
» Qui me poursuit dans Cirthe, & qui bientôt, peut-être,
» De mon trône usurpé sera l'indigne maître !
» J'ai vécu trop long-temps, ô vieillesse ! ô destin !
»..................................

(*Aux Soldats.*)

» Que la Reine à l'instant paraisse en ma présence.
»..................................

SCENE

SCENE II.

SOPHONISBE.
» Que voulez-vous Syphax ? & quelle tyrannie
» Traîne ici votre épouse avec ignominie.
» . . . .

SYPHAX (*lui donnant la lettre*).
» Connoissez votre seing, rougissez & tremblez.
» . . . .

SOPHONISBE.
» Nos murs sont assiégés ; vous n'avez plus d'appui ;
» Et le dernier assaut se prépare aujourd'hui ;
» J'écris à Massinisse en cette conjoncture.
» Je rappelle à son cœur les droits de la nature ;
» Les nœuds trop oubliés du sang qui nous unit.
» Seigneur, si vous l'osez, condamnez cet écrit.
» . . . .

SYPHAX.
» C'est donc pour votre Roi que vous demandez grace ?
» . . . .

SOPHONISBE.
» Non : j'attends avec vous l'esclavage ou la mort.
» Massinisse m'aimoit, & j'aimais ma patrie,
» . . . .
» . . . . . . Mais en ce triste jour,
» Il s'agit de la vie & non pas de l'amour :
» Il n'est pas fait pour nous. Ecoutez, le temps presse ;
» Tandis que vos soupçons accusent ma foiblesse ;
» Tandis que nous parlons, la mort est dans ces lieux.

SYPHAX.
» Je vais donc la chercher, éteindre dans mon sang
» Ma vie & mon courage. . . . .

k

Syphax plein de jalousie & de courroux contre Massinisse, va défendre contre lui Cirthe, qu'il assiége. Syphax est tué : Massinisse est vainqueur. Scipion lui annonce que Sophonisbe doit aller en esclavage à Rome ; Massinisse en fureur sur le sort de Sophonisbe désespérée, dit à Sophonisbe, scene troisième du troisième acte.

» . . . . Vous aurez des aziles ;
» Que l'orgueil des Romains ne pourra violer ;
» Et ce n'est pas à vous désormais à trembler.
» Il m'appartenoit peu de parler d'hyménée,
» Dans ce même palais, dans la même journée
» Où le sort a voulu que le sang d'un époux,
» Répandu par mes mains, rejaillît jusqu'à vous ;
» Mais la nécessité rompt toutes les barrieres ;
» Tout se tait à sa voix, ses loix sont les premieres ;
» La cendre de Syphax ne peut vous accuser.
» Vous n'avez qu'un parti, celui de m'épouser.

Sophonisbe n'a pour s'y déterminer que son goût personnel pour Massinisse, & son intérêt particulier de ne pas tomber dans l'esclavage des Romains. Mais comme la fille d'Annibal ne pouvait céder qu'à l'ennemi mortel des Romains, Sophonisbe, qui est bien loin des tendres scrupules de mes censeurs, dit à Massinisse : *Je ne puis être à vous, si vous ne jurez une haine immortelle aux Romains.* Et dans l'instant, ils confondent sur l'autel les sermens de leur amour mutuel & ceux de leur haine contre les Romains.

Voilà ce qui de tout temps, depuis Mairet jusqu'à nos jours, a plû sur le Théâtre. Et voilà ce que *M. de Voltaire* a si peu soupçonné devoir répugner à nos mœurs, que l'idée ne lui en est seulement pas venue dans la tête. Aussi, avouerai-je que les scrupules des censeurs que je me suppose, me la feront d'autant moins admettre, relativement à ma Jocaste, qu'au lieu de se décider d'épouser Œdipe par un attrait personnel pour lui, ou par le calcul politique des intérêts qu'elle trouveroit à l'épouser : seuls motifs de *Sophonisbe* pour épouser *Massinisse*. Jocaste est entraînée par la force publique, & pour le salut public à donner sa main au vainqueur du Sphinx. Idée totalement suffisante pour Jocaste, indépendamment du pouvoir secret que la fatalité prêtait encore à cette cause déjà suffisante.

La critique que je suppose me paraît donc si absurde, qu'au lieu de m'offenser, je conviens que si on la faisoit, il me serait difficile de ne pas me flatter que le plan de Jocaste n'en a pas fourni qui parut mieux fondée.

Je passe maintenant à l'action qui résulte du sujet tel que je l'ai conçu.

N'ayant d'antécédent à mon action que le prodige du Sphinx désolant Thebes depuis six jours ; l'ouverture de la scene apprend aux spectateurs par un Choriphée, s'adressant aux Thébains, que Layus prévenant leurs désirs, & touché des alarmes publiques, est allé ce matin long-temps avant l'aurore seul avec Euphémon, consulter Apollon pour emprunter de lui les clartés divines,

» Qui peuvent dissiper à leurs yeux enchantés
» Des énigmes du Sphinx l'obscurité fatale,
» Ou le faire rentrer dans la nuit infernale.

Ayant voulu concentrer toute l'action que

me donnait mon sujet, dans les deux seuls personnages qui résultoient nécessairement de ce sujet, Jocaste & Œdipe. Il fallait nécessairement que j'en créasse d'autres analogues : & par conséquent, j'ai donné un frere à Layus que j'ai fait Grand-Prêtre de l'himen, afin d'employer l'empire d'opinion que lui donne ce double caractère sur l'esprit de Jocaste. Et au lieu de donner à Jocaste de plates confidentes, qui sont toujours postiches, sans parvenir même à l'honneur d'être épisodiques, & qui ne servent enfin que de remplissage; j'ai donné à Jocaste deux sœurs pour conserver la vérité & l'unité d'intérêt, en le développant d'une maniere d'autant plus heureuse aux yeux du spectateur, que chacune d'elles ayant un caractere différent, met successivement sous les yeux du spectateur, dans les scenes qu'elles ont ensemble, ce qu'elle voit, ce qu'elle pense ; & par conséquent, l'ensemble dont une seule ne pouvait pas être frappée, & dont il fallait cependant rendre compte au spectateur.

Ainsi *Naxos*, dont l'humeur est inquiete & morose, est frappé de tout ce qui est fâcheux ; tandis qu'*Iphise* couvre toujours du voile de l'espérance, ce qui chagrine sa sœur.

J'ai donc établi dans la scene troisieme du premier acte, le caractère que j'avais besoin de leur donner, ainsi qu'à Jocaste, relativement aux événements qui devaient arriver. Rapport toujours saisi d'une manière admirable par *Racine*, & sans la justesse duquel il n'y a plus d'harmonie dans une Tragédie. Car si le sujet doit donner absolument l'action qui lui est propre ; cette action doit produire nécessairement les personnages qu'elle met en mouvement ; & cet accord, d'où résulte le plan entier de la Tragédie, lui donnera une unité qu'elle ne peut pas recevoir uniquement de l'unité de temps, de l'unité d'action & de l'unité de lieu. Ainsi cette scene troisieme & la quatrieme, entre Iphise & Jocaste, au lieu de n'être que la froide exposition de faits antécédents. Commence l'action dont l'intérêt accroît ; dès que *Phorbas*, le Grand-Prêtre du destin, apprend à Jocaste que le Sphinx cessant d'envelopper la vérité dans un langage énigmatique, vient de dire publiquement,

» Je vins pour prévenir Layus sur son destin,
» Il me dédaigna trop : il voit déjà sa fin ;
» Je vois la mienne aussi : mon vainqueur va paraître ;
» Jocaste est sa conquête : il sera votre maître ;
» Mais des maux que j'annonce, & que vous souffrirez,
» Par Jocaste & par lui vous serez délivrés.

Le second acte commence par confirmer la mort de Layus, & par apprendre au spectateur les effets de la prédiction du Sphinx. Le vainqueur qu'il annonça vient de lui donner la mort : mais les derniers soupirs du Sphinx ont empesté l'atmosphere. Aussi les Thébains souffrant déjà les maux que le Sphinx leur a prédits, entrainent le vainqueur dans le Temple pour l'y couronner, & vont venir dans le Palais en arracher Jocaste pour donner sa main au vainqueur du Sphinx ; parceque le Sphinx leur a dit qu'ils ne seront délivrés des maux qu'il leur annonce, que par Jocaste & par ce vainqueur.

J'imagine que le public qui doit croire plus que jamais que l'action ne consiste que dans le spectacle qui frappe ses yeux, me demandera pourquoi j'ai mis tout cet acte en récit, au lieu de lui montrer Jocaste apprenant sur la scene tout ce que je lui fais savoir dans son Palais, par *Anaxès*, & ensuite par *Arcas*.

Je vais répondre une fois pour toutes aux critiques de ce genre, qu'on fera vraisemblablement sur Jocaste.

1°. Comme ma représentation a le bonheur de ne pas exiger l'étendue des vingt-quatre heures, & le mérite de se renfermer à-peu-près dans sa durée réelle; je n'ai pas fait la sottise de la prolonger, uniquement afin de pouvoir remettre sur la scene les personnages que la durée réelle de mon action en exclut. Jocaste n'a pas fermé le premier acte qu'elle peut apprendre que Layus est mort; & j'ai admis comme vrai ce qui était possible : rigueur à laquelle je me suis soumis, au lieu de

SUR LES ŒDIPES. 153

compter sur l'indulgence perpétuelle du spectateur.

J'aurois donc pu faire prendre à Jocaste sur la scene, ses habits de deuil, parceque c'étoit la première chose qu'elle dût faire, aussi-tôt qu'elle fut instruite de la mort de Layus : mais il n'y auroit eu d'absurdité égale au ridicule de ce spectacle, que de l'avoir amenée sur la scene pour s'y livrer au profond recueillement où doivent la plonger le grand événement qui vient d'arriver, & tous ceux qu'il prépare. D'ailleurs, pourquoi la mettre en scene lorsqu'elle n'a pas un mot à dire ? Ce serait donc pour y venir apprendre les événements qu'elle attend ? Mais ne savoit-elle pas parfaitement qu'on se donnerait la peine de l'en instruire dans son intérieur.

2°. Au lieu d'être utile à l'action de cet acte, qui consiste à savoir tous les événements qui viennent de se passer nécessairement hors de la scene, & qui changent absolument la situation de Jocaste ; elle se trouverait encore plus déplacée sur la scene, que Thésée, dans le récit de Théramene : tandis que, sa préfence n'ajoutant rien à l'action de cet acte, le fpectateur a le nouvel intérêt d'attendre l'effet qu'aura produit fur Jocafte tout ce qu'il vient d'apprendre & tout ce qu'il fait que Jocafte va favoir elle-même. Nouveau genre d'intérêt qu'il eût perdu, fi Jocafte eût été fur la fcene.

Enfin, la critique que je fuppofe ferait bien moins fondée que celle qu'on a pu faire au Peintre, qui, dans le facrifice d'*Iphigénie* couvrit d'un voile le vifage d'*Agamemnon*; parcequ'il préféra de frapper l'imagination, plutôt que les yeux. Ce Peintre, pour éviter l'invincible difficulté de donner aux traits d'*Agamemnon* l'expreffion qui leur était convenable, fut obligé de les cacher; au lieu que mon fpectateur connaît les traits dramatiques de mon perfonnage. Je ne lui cache l'impreffion qu'éprouve Jocafte, que jufqu'à l'inftant qu'il la voit entraînée aux autels.

L'intérêt des Thébains & la pofition de

Jocaste, sont assez tragiques pour remplir ce second acte, destiné à forcer Jocaste d'aller aux autels, & comme le spectateur ne peut pas l'y suivre, il a donc fallu lui apprendre par *Iphise* & par *Naxos* tout ce qui s'y est passé, en leur faisant rendre compte à elles-mêmes de toutes les choses qui les ont frappées suivant leur caractere particulier.

Comme il fallait encore assurer le spectateur dans le troisieme acte, que ce sont les raisons que le second acte a développées devant lui, qui ont entraîné Jocaste au temple. J'ai ramené sur la scene le Grand-Prêtre de l'himen, afin de lui adresser ce que le spectateur ne pouvait savoir d'une autre maniere ; à moins de tomber dans cette faute si commune, quoique si grossiere ; celle de faire répéter aux personnages ce qu'ils savent déjà le mieux ; uniquement pour en instruire le spectateur.

Mais comme en revenant des autels, Œdipe éperdu par le trouble secret que lui inspire la mort de Layus, ne peut plus supporter la présence de Jocaste; c'est en la fuyant qu'il commence avec elle la scene quatrieme du troisieme acte, dans laquelle en cachant à Jocaste son destin particulier, & ne lui parlant que des choses qu'il croit que Jocaste ne peut pas pénétrer, ou de celles qu'il croit qu'elle ne peut pas tarder d'apprendre; il porte la terreur dans son esprit au point de l'empêcher de supporter d'autres détails, lorsqu'elle est déjà moralement convaincue d'avoir donné la main au meurtrier de Layus, ce qui est la seule chose qu'elle croyait alors pouvoir apprendre.

S'il fallait dérober dans l'entre-acte à l'esprit du spectateur les réflexions languissantes qui succedent à de si grands mouvements; il fallait cependant l'en instruire par une scene entre Iphise & Naxos, qui commence à développer le nœud de l'action, par l'intérêt qu'elles ont à éclaircir entre elles, pourquoi jusqu'à cet instant elles n'avaient jamais entendu Jocaste prononcer les mots d'*Eudox* & de *Cithéron*. Développement qui sert à établir le nœud de l'action. Le spectateur apprend encore par cette scene ce dont il ne pouvait pas être témoin ; qu'Iphise a rassuré Jocaste sur la crainte qu'Eudox fût le meurtrier de Layus, parceque Layus avait été menacé d'être assassiné par son fils ; & qu'on ne pouvait pas soupçonner Eudox d'être Œdipe, puisqu'Eudox venoit de quitter son pere & sa mere : & qu'enfin elle avait calmé l'effroi de Jocaste, en lui faisant sentir qu'Eudox ne s'étant pas purifié des souillures du meurtre qu'il avait commis avant de lui donner la main aux autels ; était cause de l'horreur qu'ils s'étaient mutuellement inspirée ; mais qu'en purifiant Eudox, leur himen n'aurait plus rien de funeste ; qu'elle avait donc remis Eudox dans les mains d'Aribate pour le purifier de son crime, & laissé Jocaste dans le doux recueillement que lui inspirait l'espérance de n'avoir pas reçu des Dieux, pour époux, l'objet de leur colere. Ce qui prépare la quatrieme scene du même acte, dans laquelle Jocaste éperdue vient se jetter dans les bras de ses sœurs, & prier *Naxos* de la séparer d'*Eudox*, parceque dans l'instant qu'elle croyait voir le front de son époux annoncer la clémence céleste; & que le Ciel semblait les abandonner aux tendresses qu'il leur inspirait; l'ombre de *Layus* courroucée de leurs ardeurs mutuelles, s'était élevée entre eux.

Le cinquieme acte commence par le trouble involontaire qui détruit dans l'esprit de Jocaste tout espoir, tout prestige, & lui découvre son horrible destin. Iphise veut ranimer son courage, mais ne parvient qu'à l'empêcher de résister plus long-temps à sa tendre curiosité. Jocaste lui dit:

Eudox quitte son pere, avait suffi tantôt
Pour me séduire Iphise; Eh bien! ce même mot
M'accable maintenant, & c'est lui qui me tue.
Quand Layus déroba son fils à notre vue,
Loin de me confier qu'il craignait que sa main
Le menaçât un jour d'un poignard assassin;
Notre amour, me dit-il, effrayera la nature;
Un monstre en est le fruit, qui doit lui faire injure.
Il faut vous révéler ce secret trop sanglant:
Vous portâtes, Jocaste, un monstre en votre flanc.
Œdipe est menacé de brûler pour sa mere;
Et . . . Je vous veux cacher la honte de son pere;
Le Ciel, de son destin lui-même épouvanté,
A voulu m'avertir de cette atrocité.

Gardez bien ce secret, il y va de la vie;
J'aurais pu par pitié faire une barbarie;
Mais Eudox éclaira ma trop faible raison.
Eudox va le cacher aux monts du Cithéron.
Vous saurez si le sort cesse de le poursuivre.
Bien long-temps vous pouvez Jocaste me survivre:
Et moi je dois apprendre au séjour ténébreux
Si mon fils peut enfin reparaître en ces lieux.
Tels sont ses propres mots gravés dans ma mémoire.
Vous sentez qu'à vos yeux voulant sauver ma gloire,
De cet affreux Oracle il vous a confié
Ce qu'il voulut cacher à ma triste amitié.
Mais vous voyez aussi que bien loin de détruire
Ma dévorante crainte, Iphise, tout conspire
A me montrer du sort l'excès de cruauté.

Iphise a beau insister sur la différence des confidences de Layus, sur le sort d'Œdipe, & sur ce qu'Eudox quitta son pere pour venir à Thebes; Jocaste est déjà frappée d'une évidence qui va bientôt être complete, lorsque Naxos ne pouvant plus empêcher Eudox de venir sur la scene s'éclaircir si Layus qu'on y doit exposer aux regards des Thébains est la victime qui succomba sous sa main. Eudox prépare Jocaste à la catastrophe, en lui avouant qu'il a été effrayé de la ressemblance des mânes de Layus, avec les traits du vieillard dont il est le meurtrier. Cependant le développement de cette scene est tel, que tout l'éclaircissement du sort de Jocaste & de celui d'Œdipe dépend entièrement du moment qui fera découvrir à Œdipe que sa victime est, ou n'est pas, Layus.

Voilà l'extrait le plus concis & le plus exact que je puisse faire du sujet & de l'action de ma Tragédie; sans entrer dans un examen trop détaillé des développements de cette action, dont le jugement appartient absolument au lecteur, & qu'il doit condamner à mesure qu'il jugera que ces développements, au lieu de préparer & de soutenir chacune des parties de l'action, les auraient laissées dans l'état brut de leur isolement naturel.

Il faut cependant que le lecteur me permette encore une observation sur une critique que je dois prévoir. Ne voyez-vous pas, me dira-t-on, que si vous devez quelques beautés à l'art que vous avez eu d'informer, Œdipe par un Oracle qu'il vient de recevoir de l'horreur de son destin, tandis que Layus n'instruit n'instruisît Jocaste que d'une partie du sort dont elle était menacée ; & ne révéla aux sœurs de Jocaste que ce qu'elles devaient savoir pour former votre action, & la débarrasser de tous les antécédents qui la rendent absurde dans Sophocle & ses imitateurs ; vous n'y êtes parvenu que par un moyen peut-être moins admissible que tous ceux que vous avez rejettés. Toute votre machine dépend du silence entre Jocaste & ses sœurs. Cela est vrai : mais devaient-elles se parler ? Non : devaient-elles se taire ? Oui : voilà ce qu'il sera très aisé de prouver.

1°. Celui qui faisoit les confidences dont nous parlons était Layus.

2°. L'objet de ses confidences, était le sacrifice de son fils.

De sorte que le double caractere, dans Layus, & de Roi & de pere, ne pouvait pas laisser le moindre doute sur la nécessité du sacrifice qu'il annonçait.

3°. Pourvu que Layus donnât à Jocaste & à ses sœurs un motif qui leur parût suffisant pour le forcer à ce sacrifice, elles ne pouvaient pas soupçonner qu'il eût plusieurs

l

motifs. Il était déjà assez extraordinaire qu'il en eût un.

4°. Les sœurs de Jocaste devaient éviter de lui parler d'une chose aussi affligeante, & dont elles ne pouvaient douter qu'elle ne fût informée. Voilà donc leur curiosité amortie.

5°. Quand leur curiosité sur le sort d'Œdipe n'aurait pas été entièrement éteinte par les larmes de Jocaste sur la perte de son fils, il suffisait, pour en prévenir les effets, que la confidence faite à Jocaste fût de telle nature qu'elle eût le plus grand intérêt à ne pas la laisser pénétrer. Or l'on voit que Jocaste était si éloignée d'ouvrir son cœur sur cet objet, même à Iphise, que Naxos suppose dans les secrets de Jocaste, que ce n'est qu'à la derniere extrémité qu'elle se résout à lui découvrir enfin le mystère qu'elle lui cacha si long-temps.

Et si vous ajoutez à ces considérations que Layus portait toujours des regards inquiets sur Jocaste & sur ses sœurs, vous ne serez plus étonné que sa surveillance perpétuelle éloignât les éclaircissements entre elles. D'où résulte qu'aucun événement nouveau n'ayant ranimé leur curiosité, elles sont restées à-peu-près dix-huit ans dans la même position, parcequ'elles ne pouvaient s'informer du sort d'Œdipe qu'à Jocaste, qui devait attendre elle-même que Layus lui en parlât. Ainsi les sœurs de Jocaste n'ayant point de raison pour lui parler d'Œdipe un jour plutôt qu'un autre, devaient lui en parler rarement. Et comme il est possible que Layus ait prévenu Jocaste, que, pour cacher aux yeux de ses sœurs la honte du destin dont elle était menacée, il leur avait feint d'autres motifs de l'éloignement d'Œdipe, on peut supposer que si jamais les sœurs de Jocaste l'ont pressée de leur apprendre dans quels climats Layus exila Œdipe, Jocaste leur devant répondre qu'elle l'ignorait, ses sœurs ont dû garder le silence sur un événement dont Layus seul pouvait les informer.

Ainsi le miracle de la durée de ce silence se réduit à laisser mes personnages pendant dix-huit ans dans la même circonstance du premier instant, qu'ils croyaient n'avoir aucuns éclaircissements à se communiquer.

l ij

De sorte que ce laps de temps est nul ; puisque, pendant cet espace, Jocaste & ses sœurs sont restées dans la situation du premier moment. Aussi, dès que les circonstances sont changées, Iphise parvient enfin à découvrir le secret de Jocaste. Cet étonnant mystere, entre trois sœurs, se réduit donc à les faire taire ; parceque Jocaste a le plus grand intérêt à ne pas confier la honte dont elle est menacée, & que ses sœurs croient n'avoir rien à révéler, ni rien à apprendre.

Je passe maintenant à l'examen de plusieurs choses que j'ai dû effleurer lorsque je n'en parlais que dans leur rapport général ; mais que je dois traiter particulièrement, après les avoir confondues dans les masses que je comparais entre elles.

Je crois avoir bien fait de réduire sur le champ à l'absurde la prétendue critique que je me suis proposé contre les deux premiers actes de Jocaste, en faisant sentir qu'elle supposait, non pas ce qui était dans mon Ouvrage, mais ce qui était dans la tête de mes Censeurs. Cette critique n'était fondée que sur le reproche, ridicule à me faire, de n'avoir pas commencé l'expofition de ma Tragédie par fa cataftrophe. Mais, après avoir prévenu une très fauffe critique, je vais tâcher de découvrir aux yeux du Public impartial la caufe du fentiment pénible que la lecture ou la repréfentation de Jocafte doit, ce me femble, lui faire éprouver.

Je m'adreffe à cette partie du Public qui a confervé le caractere de juge, c'eft-à-dire d'un être impartial, fenfible & raifonnable. Et je vais lui parler comme un Artifte, qui préfere la perfection de l'Art qu'il cultive au fuccès de fon ouvrage ; après avoir fait cependant fes efforts pour atteindre du moins à-peu-près la perfection dont était fufceptible le fujet qu'il a traité.

Je ne parle donc plus à cette foule trop légere pour être attentive, & trop corrompue pour jouir de plaifirs délicats. Cette foule vient au fpectacle, non pas pour le juger, mais pour juger fi ce qu'on lui dit eft analogue à fes idées. D'où réfulte que les Auteurs s'appercevant de fa manie, compofent d'après cette manie ; & que le fpectateur juge comme s'il était Auteur. Et de-là, pour peu qu'on frappe ſes oreilles par des ſons, étonnés de ſe rencontrer, n'importe qu'ils ſoient vuides de ſens, ou que l'idée qu'ils expriment ſoit fauſſe ; voilà de beaux vers. Et, pourvu qu'on étonne ſes yeux en entaſſant *Pélion* ſur *Oſſa*, voilà de l'action.

Je m'adreſſe au Public juge, & qui ſent, par conſéquent, que, ſi l'artifice d'un Drame eſt tel, qu'il en ſoit le ſpectateur, il eſt pourtant vrai quoiqu'il écoute & qu'il voie toujours, que la vraiſemblance eſt cependant qu'il ne voit & qu'il n'entend jamais.

C'eſt donc bleſſer toutes les regles de la raiſon & du goût, que de faire parler les perſonnages, uniquement par le ſpectateur. Mais comme il a beſoin d'apprendre ce que les perſonnages ſavent le mieux, & par conſéquent ce dont ils doivent parler le moins, il faut avoir l'art de les forcer de lui en parler, en leur montrant à eux-mêmes ſous une face nouvelle ce qu'ils doivent lui apprendre.

J'ai ſuivi ſi fidèlement ce premier principe de la convenance théâtrale, dont j'ai déjà parlé à l'occaſion de ce que dit M. de Voltaire, au ſujet de l'expoſition de Bajazet; ainsi que les autres regles établies dans l'art dramatique, que j'ose supposer que les juges auxquels je me soumets peuvent applaudir aux efforts qui m'ont donné le plan de Jocaste. Mais il est question de chercher avec eux pourquoi ce sujet qui parut aux modernes le plus beau que les anciens leur eussent transmis, n'a cependant jamais eu un succès durable parmi nous : & je mettrai à cette recherche une telle impartialité qu'elle doit me faire pardonner d'établir une énorme différence entre la fatigue que peut causer Jocaste, & l'état insoutenable où jettent toutes les scenes d'exposition de Rodogune, ou l'énigme perpétuelle d'Héraclius.

M. de Voltaire, au lieu de dire qu'*Œdipe* était un des sujets les plus intraitables de l'antiquité, aurait dû dire, à ce qu'il me semble, que c'est le plus mauvais sujet dramatique qu'on puisse traiter : quoique d'après le jugement de toute l'antiquité & le consentement unanime de tous les savans modernes, *Œdipe* passe pour être le plus beau du théâtre; ce qui paraît confirmé par les efforts qu'on a faits successivement dans tous les siecles éclairés pour le traiter. Car si le temps nous a transmis des *Œdipes* que la renommée n'annonçait point, il en a dévoré plusieurs que la renommée nous fait d'autant plus regretter qu'elle nous a transmis leur réputation. Tels sont les *Œdipes* composés par *Euripide*, par *Philoclès*.

L'Œdipe de *Philoclès* eut encore plus de succès sur le théâtre d'Athenes, que celui de *Sophocle*, & l'on sait que César attachoit beaucoup de gloire à son Œdipe.

Ces grands noms & ceux des modernes qui, dans tous les pays (1), ont composé sur ce sujet, paraissent condamner absolument mon opinion : mais ils la confirmeront si l'on observe que chez les Grecs, dans le temps dont nous parlons, les spectacles étoient encore trop près de l'institution religieuse qui les fit naître, pour former un art absolument indépendant des préjugés admis, des idées reçues, dont l'ensemble formait alors la masse des connaissances, ou plutôt des erreurs humaines ; &

---

(1) *Dolci*, *en Italie* : *Dryden* & *Lee en Angleterre*, &c, &c, &c.

pour n'être pas aſſujetti au ſyſtême général, dont le dogme faiſait néceſſairement une partie eſſentielle. Car toutes les idées morales & les idées ſcientifiques ſont néceſſairement confondues, juſqu'au moment où la révélation ſépare les idées morales du vaſte chaos dans lequel elles nagent: & juſqu'à l'inſtant où les inſtruments propres aux expériences viennent claſſer les autres idées, ſuivant l'ordre des découvertes auxquelles elles appartiennent. Avant cette époque, l'eſprit humain eſt abſolument abandonné à l'erreur, à moins qu'il ne ſe livre à l'analyſe métaphyſique, dont l'eſprit pur eſt ſuſceptible. Méditation ſublime qui produiſit dans la tête d'Homere cette idée ſi tranſcendante de la néceſſité d'une cauſe premiere, qu'il appelle deſtin ou fatalité; & qui, découvrant à l'eſprit d'Archimede les premieres vérités mathématiques rendit ces deux hommes, les ſeuls qu'on puiſſe comparer entre eux; parce que l'un & l'autre ne peuvent être comparés à qui que ce ſoit, comme M. d'Alembert l'a remarqué avec beaucoup de génie & de goût, dans ſon profond ouvrage qui sert de préface à l'Encyclopédie.

Mais comme, en morale, rien ne peut suppléer à la révélation, & que le résultat d'une série métaphysique ne peut jamais acquérir la certitude qui résulte d'une démonstration mathématique, Platon voulut soumettre à l'ensemble des fausses connoissances de son siecle l'art de la Poésie, & lui couper les ailes qu'Homere lui avoit données. Aussi ne voulut-il souffrir dans sa république que l'Iliade, *purgée* des passages dans lesquels Homere établissait que le destin était le maître des hommes & des Dieux. Mais ce dogme, qui fut toujours celui des Poètes, (1) avant de devenir celui des Philosophes (2) étant le plus piquant objet des disputes savantes, l'action théâtrale qui supposait le plus ou le moins l'influence de ce dogme, devait être du plus grand intérêt pour les Athéniens.

―――――

(1) *Iliade*, L. XVI, VERS 433. Euripide: IPHIGÉNIE EN TAURIDE, VERS 1483. Ovid: METAM, L. XIV, P. X, VERS 306.

(2) *Lucien*: JUPITER CONFONDU. Senec: EX QUO SUSPENSA SUNT; ET CAUSA CAUSARUM, QUÆST. NAT. L. 2, C. 45.

Ainsi, soit, par exemple, que ce fût pour confirmer ou pour combattre le dogme de la fatalité, sur lequel était appuyée la coutume des Athéniens d'exposer leurs enfans, que Sophocle ait conçu la Tragédie qui rassemblait les effets les plus frappants que peut produire cette coutume, qui rendait les enfans exposés, & conservés par le hasard, absolument étrangers à leur pere à leur mere; on comprend que ce sujet était le plus intéressant qu'on pût représenter sur le Théâtre d'Athenes; parceque jusqu'à ce que les opinions des individus soient fixées, ou puissent l'être, par les connoissances de leur siecle, tous les hommes éprouvent une inquiétude dont ils veulent sortir, & qui les met dans l'état le plus théâtrale où le Poète puisse trouver ses spectateurs.

Mais, parmi une une nation qui renferme depuis long-temps des sociétés savantes, uniquement occupées de la perfection des sciences qu'elles cultivent, le Poète ne trouve plus que deux classes d'individus, dont l'une rejette absolument le dogme de la fatalité; tandis que l'autre attend pour croire quelque chose qu'elle ait le temps de penser. Et cette classe ne se presse jamais, parcequ'elle sait qu'elle puisera quand elle voudra dans le vaste magasin des sciences, que le temps remplit sans cesse.

Ainsi le Poète n'a présentement de véritables ressorts tragiques, que la vérité vraisemblable, ou la vraisemblance raisonnable, parce qu'il ne peut plus employer la fatalité que de deux manieres différentes qui sont également peu théâtrales.

La laisse-t-il dans la sphere qui lui est propre ? son idée fatigue & confond notre esprit ; il ne peut pas entrer dans cette Sphere. L'a-t-il employée d'une maniere qui choque ce qui nous paraît vraisemblable ? dès que la vraisemblance peut la combattre, elle la détruit ; & découvre alors bien vîte que ce que l'Auteur appelle fatalité n'est que sa propre absurdité.

Aussi la tragédie, depuis Corneille & Racine n'est plus que l'art de tirer d'un sujet une action qui nous intéresse, par les développements pathétiques dont elle est susceptible, en excitant la terreur dans l'esprit,

& la pitié dans notre âme. Il en résulte peut-être que la vérité théâtrale se réduit à la vraisemblance parfaite d'une action tragique; & que le but de la tragédie, au lieu d'être, comme autrefois, de *purger les passions*, est d'exciter nos passions trop languissantes pour toute espece de vertu : & de leur rendre l'énergie sans laquelle on n'aime pas assez le bien, & l'on ne déteste pas assez le mal. Le sujet le moins théâtral pour nous sera donc celui qui mettra le plus vos personnages sous l'empire de la fatalité.

Lorsque tous vos moyens sont indépendants de la fatalité, vous puisez tous les événements de votre action dans les caracteres de vos personnages. Toutes les causes de ces événemens sont morales & sensibles, puisqu'ils dépendent, par exemple, dans Bajazet du caractere vigoureux d'Acomat, de la passion effrénée de Roxane, de la candeur de Bajazet, de l'amour ingénieux d'Athalide, & des soupçons d'Amurat. Mais quand votre action dépend toute entiere de la fatalité, comme dans le sujet d'Œdipe, tel art que vous employiez pour ne la laisser entrevoir que comme cauſe premiere dont vous vous ſervez dans votre action, vous ne pouvez pas faire naître votre action du caractere de vos perſonnages. De ſorte qu'ils n'ont jamais l'air de faire ce qu'ils voudraient faire ; & que ce qu'ils font eſt toujours réellement indépendant de leurs affections, de leur intérêt, & de leurs paſſions.

Pour faire ſentir combien il eſt difficile d'employer la fatalité ſur le théâtre, je vais rappeller au lecteur les efforts de Racine pour vaincre cette difficulté dans Iphigénie en Aulide.

Il fallait, pour ſon action, que Clitemneſtre amenât de Mycenes Iphigénie dans le camp d'Agamemnon; il n'était pas moins néceſſaire pour ſon action qu'Agamemnon, après avoir été vaincu par Ulyſſe, pour livrer ſa fille à Calchas, ſous le prétexte qu'Achilles l'attendait aux autels de l'Hyménée, eût horreur de cet affreux ſacrifice ; & qu'en confiant une lettre à Arcas il lui dit :

» Prends cette lettre, cours au devant de la Reine,
» Et ſuis, ſans t'arrêter, le chemin de Mycene.
» Dès que tu la verras, défends lui d'avancer,
&c, &c, &c.

» Si ma fille une fois met le pied dans l'Aulide
» Elle est morte. . . . .
&c, &c, &c.
» Mais sur-tout ne va pas, par un zele indiscret,
» Découvrir à ses yeux mon funeste secret.
&c, &c, &c.
» Pour renvoyer la fille & la mere offensée,
» Je leur écris qu'Achille a changé de pensée,
&c, &c, &c.
» ajoute, tu le peux, que des froideurs d'Achille
» On accuse en secret cette jeune Eriphile,
» Et qu'auprès de ma fille on garde dans Argos, &c.

Mais comme il fallait que Clytemnestre amenât Iphigénie dans le camp d'Agamemnon, elle s'égare *dans les bois qui du camp semblent cacher l'entrée.* Aussi Agamemnon, en répondant aux reproches de Clytemnester, peut lui dire:

» Sur l'intérêt des Grecs vous l'aviez emporté.
&c, &c, &c.
» Arcas allait du camp vous défendre l'entrée.
» Les Dieux n'ont pas voulu qu'il vous ait rencontré.

Voilà la fatalité admissible, parcequ'elle n'agit encore que comme cause premiere des autres. Mais on rejette la fatalité qui fait rendre par Arcas à Clytemnestre, arrivée dans le camp des Grecs, la lettre d'Agamemnon, qu'il ne devait lui donner, comme il le savait fort bien lui-même, que pour l'empêcher d'entrer dans ce camp. On voit alors que cette fatalité n'est plus qu'un artifice employé par le Poëte.

Si l'on me demande pourquoi j'ai traité le sujet le plus intraitable, je dirai qu'il était encore plus aisé de s'écarter du plan de Sophocle, que d'imiter Corneille & Racine dans leurs genres. Et j'ai préféré ce sujet à ceux que j'ai dans la tête, parcequ'il m'éloignoit absolument de l'arche du temps présent, qu'un simple Israëlite comme moi ne pourrait toucher sans être subitement frappé de mort. Puisqu'on veut le savoir, voilà le secret de mon choix; qui n'est pas, comme on voit, celui de mon goût.

J'aurais pu imiter la Fosse, qui parvint pendant quelque temps, à jouir de l'honneur de la création de *Manlius*, en mettant toute l'action d'*Otwy* sous le nom de personnages Romains. Non-seulement il y avait trop d'invention dans mon plan, pour ne pas dédaigner l'artifice qui réussit à la Fosse, parcequ'alors presque personne à Paris ne connoissait la littérature anglaise; mais, au lieu

lieu de prétendre déguiser par des noms inconnus l'action si célebre sous ceux d'*Œdipe* & de *Jocaste*, j'ai prétendu traiter l'action véritable, qui aurait dû les mettre en scene de tout temps.

J'ai senti cependant qu'il y avait une telle différence entre traiter un sujet neuf sous des noms inconnus ; ou bien un sujet ancien, sous des noms nouveaux ; & traiter un sujet d'invention, sous des noms déjà très familiers ; que je me suis déterminé à faire imprimer Jocaste, avant de la faire représenter.

Quand on traite un sujet neuf avec des personnages inconnus, vous n'avez affaire qu'à la raison du public, & non pas à sa mémoire. Le public est alors dans toutes les conditions de son existence naturelle, celle de juge. Il est comme il devrait être à chaque représentation, ne jugeant que ce que vous lui dites, & ne comparant la seconde scene qu'à la premiere, sans la juger par le quatrieme ou le cinquieme acte, qu'il ne connaît pas encore. Enfin, il ne sait que ce

m

qu'il entend, il ne voit que ce que vous lui montrez, il est forcé de vous suivre pendant le cours de votre action ; vous n'avez à vous défendre que de la curiosité qui lui fait chercher à développer votre intrigue, & à de-deviner votre dénouement : mais si vous soutenez son intérêt jusqu'à la catastrophe : là-t-il devinée ; il vous pardonne l'art par lequel vous avez pu lui plaire sans le surprendre : & l'avez-vous empêché de la dévoiler ; il vous pardonne de le surprendre pour lui plaire ; mais à la seconde représentation tout est nécessairement changé. Le public juge dans l'ordre inverse, qui le gêne beaucoup moins : de-là naît la corruption horrible du goût, qui fait composer aujourd'hui comme le public jugera ; parceque le public jugera comme s'il composait : ainsi, c'est la complaisance que le public a pour lui-même, qui assure les Auteurs modernes de la sienne.

Quand on traite un sujet ancien sous des noms nouveaux, l'Auteur a le malheureux avantage de trouver, à la premiere représentation de son Ouvrage, le public, comme il sera à la seconde représentation d'un ou-

SUR LES ŒDIPES. 179

vrage d'invention. L'Auteur qui fait que le public découvrira à chaque inſtant les traces du ſujet qu'il connaît déjà, en profite pour avoir l'air de le perdre dans les nouveaux détours qu'il donne à ſon ancienne action, parcequ'il ſait bien que le ſpectateur n'aura jamais peur de s'y égarer; il connaît le chemin dans lequel l'Auteur reviendra. Mais tout doit ſe réunir contre le ſuccès d'une fable dramatique totalement nouvelle, & qui, cependant, ſerait repréſentée par les perſonnages les plus connus; & certainement, le vulgaire des ſpectateurs a raiſon : car vous lui offrez alors vos perſonnages dans une attitude nouvelle. C'eſt lui repréſenter Attalante aſſiſe, & il reconnaît bien plus Hercule à ſa maſſue, & Apollon à ſa lyre, que par le caractère particulier de leur phyſionomie.

Mais l'action que me donnait mon ſujet, appartenait ſi eſſentiellement aux perſonnages d'Œdipe & de Jocaſte, qu'il était impoſſible de ne pas reconnaître cette action ſous d'autres noms. Il eût donc été d'autant plus mal-adroit de la déguiser par d'autres personnages que ceux d'Œdipe & de Jocaste, qu'ils ont déjà accoutumé le spectateur à l'horreur du destin qu'ils doivent remplir.

Qu'on ne croie pas que je me flatte du succès dont je parais avoir voulu m'assurer. Sans doute j'ai travaillé pour le mériter; mais en y travaillant, je me flattais d'autant moins d'en jouir, que le goût du siecle le rend plus incertain ; & sur-tout moins flatteur.

Qu'on ne croie pas non plus que ce que je dis ici soit une vaine déclamation contre le goût du siecle, & une préférence idéale pour celui de Louis XIV. Je sais comme tout le monde, que dans ce beau siecle, la Phedre de Pradon lutta non-seulement contre celle de Racine, mais l'emporta sur elle : que Britannicus tomba : qu'enfin, la Femme Juge & Partie, enlevait tous les spectateurs au Misanthrope; mais si l'on en concluait que le goût national était alors aussi mauvais qu'il peut l'être aujourd'hui, il me semble qu'on ne considérerait pas qu'au lieu d'être corrompu par le genre ont nouveau des spectacles des boulevards, le goût nationnal n'étoit pas encore formé; & comme il faut bien que le goût des Auteurs précede nécessairement celui du public, le public dut résister à se laisser élever au point où le génie & le travail avaient déjà placé Racine & Moliere. L'un & l'autre cependant forcerent son admiration; mais comme ce sentiment humilie ceux qui l'éprouvent, l'amour-propre des Auteurs médiocres leur révéla bientôt le secret du public: ils sentirent que si les plaisirs physiques sont ceux qu'on prend; les plaisirs de l'amour-propre sont ceux qu'on donne: & qu'en renonçant à l'honneur d'arracher du public les soupirs de son admiration, ils s'assureraient de son applaudissement, en offrant à son amour-propre, les Ouvrages qui, au lieu de l'humilier, exciteraient dans le spectateur l'intérêt d'applaudir ce qu'il aurait pu concevoir lui-même. De-là naît une espece de démocratie littéraire, qui n'est pas une des choses les moins funestes qui puissent menacer la société : car il ne faut pas croire que le goût parmi une grande nation soit une chose arbitraire, & par conséquent indépendante de son système politique. Il me semble que si l'histoire apprend que les premiers peuples de l'univers, les Spartiates & les Romains, dans les commencemens de leur République, dédaignerent absolument les beaux Arts, elle enseigne aussi que la corruption du goût a toujours été un symptôme infaillible de la décadence des Empires; & cela doit être ainsi, parce que la licence que le mauvais goût suppose, est accordée au vulgaire comme une compensation de la perte de la liberté publique.

J'ai parlé d'un ton trop positif de la représentation de ma Piece, pour ne devoir pas empêcher le lecteur de confondre le ton d'une prétention très impertinente, avec celui dont il convient de parler d'un droit fort respectable. Je n'ai pas cru qu'aucun Auteur pût s'y méprendre : aussi n'ai-je fait aucune démarche pour les engager à me céder leurs droits à être représentés avant moi; parcequ'ils ne doivent pas plus les céder, que me disputer ceux que je crois avoir acquis depuis que j'ai bâti le Théâtre de la Comédie. J'ai, sans doute; oui bien davantage du changement, qui rendait à la Scene Françaife la vraifemblance dont elle avait été privée jufqu'alors, qu'en l'occupant moi-même. Mais je fuis le Marguillier de cette Paroiffe; & je prenais d'autant plus hardiment la liberté d'y occuper ma place, que je laiffais davantage la liberté de ne m'y pas laiffer long-temps. Je croyais donc que Jocafte allait être repréfentée ; & je comptais offrir au Public, fous une forme théâtrale, les talents que j'ai cherché pendant long-temps à confacrer obfcurement à fon utilité. Mais, fi depuis la perte de Mlle Clairon, & la mort de le Kain, j'avais été rarement à la Comédie, je n'avais point vu repréfenter aucun rôle de Reine depuis Mlle Duménil : & Jocafte a tellement befoin des dons pathétiques que la nature avait prodigués à Mlle Duménil, que j'attendrai, pour la préfenter au Public, que fon goût, trop égaré depuis que le Théâtre Français eft malheureufement éloigné des Ecoles de l'Univerfité, rappelle cependant fur la Scene des talents qui puiffent confoler de ceux qu'on a perdus.

NOMS DES PERSONNAGES.

JOCASTE, épouse de Layus, Roi de Thebes.
ŒDIPE, fils de Layus, & d'Œdipe sous le nom d'EUDOX.
IPHISE, } sœurs de Jocaste.
NAXOS,
ANAXES, frere de Layus, & Grand-Prêtre de l'Hymen.
PHORBAS, Grand Prêtre du Destin.
ARCAS, } Officiers du Palais Layus.
DYMAS,
MÉNANDRE, confidente d'Iphise.
CHŒUR de Thébains.
SYRRINX, Choriphé du Peuple.

La Scene est dans le palais de Layus, à Thebes.

JOCASTE,
TRAGÉDIE.

ACTE PREMIER.

SCENE I.
CHŒUR DE THÉBAINS.

Un Coriphé *sortant du Palais.*

Modérons nos transports, suspendons nos clameurs;
Ce Palais retentit d'indiscrétes rumeurs.
Iphise va venir, & vous allez entendre
Ce que dans cet instant, elle a daigné m'apprendre.
Vous saurez que Layus, dévoré de chagrins,
Est allé consulter les Dieux sur nos destins.

A

JOCASTE,

Layus, ce Roi si grand, ce Monarque si sage,
Au lieu de succomber sous le poids de son âge,
Sur son Trône a laissé le faste & les grandeurs.
Prévenant nos desirs, touché de nos malheurs,
Seul avec Euphémon, long-temps avant l'aurore,
Tous les deux sur un char...

Un Personnage.

Eh quoi! Thebes l'ignore?
Dieux, veilléz sur Layus; il chérit ses sujets.

Un Coriphé.

Oui, Layus, dédaignant le luxe & les apprêts,
Dont la pompe inutile à son noble courage
Auroit, contre son gré, retardé le voyage,
Seul avec Euphémon, ce matin dans un char,
Aux yeux de ses sujets á caché son départ.
Au Temple d'Apollon, sans suite, sans cortêge.

I. Personnage.

Veilléz sur lui, grands Dieux!

II. Personnage.

Ha! le Ciel nous protège;
Il nous rendra Layus.

I. Personnage.

Ecoutéz nos souhaits.
Il fut juste, & suivit vos éternels décrêts.

II. Personnage.

Les bons Rois, sont des Dieux les humaines images:
Ils doivent protéger leurs plus parfaits ouvrages;
Ils nous rendront Layus. Mais écoutons Syrrinx.

ACTE I.

CORIPHÉ.

Autant que nous, Layus épouvanté du sphinx,
Est allé d'Apollon implorer les oracles,
Pour opposer le Ciel aux horribles miracles
Du monstre que l'enfer a vomi dans ces lieux.
Layus n'osa tenter, sans le secours des Dieux,
D'interpreter du sphinx les énigmes affreuses,
Dont les éxpressions, déjà myſtérieuses,
Préſentant à la fois divers ſens captieux,
Font échapper le vrai, ſous pluſieurs ténébreux;
Et du mépris du ſphinx, ainſi que de ſa rage,
Nous ont fait éprouver l'inſultant éſclavage.

SCENE II.
LES MÊMES, IPHISE, NAXOS.

IPHISE.

JOCASTE va bientôt ſe montrer à vos yeux.
Pour Layus, & pour vous, elle implore les Dieux,
Et leur offre à préſent un nouveau ſacrifice
Pour confondre du ſphinx, le cruel artifice.
Mais vous ſavez déjà qu'au Temple d'Apollon,
Layus voulut aller ſeul avec Euphémon.
Ce grand Roi, dédaignant l'éclat du diadême,
Animé d'un deſir que vous rendez extrême,

A ij

JOCASTE,

Est allé d'Apollon emprunter ses clartés
Qui peuvent dissiper à nos yeux enchantés
Des énigmes du sphynx l'obscurité fatale,
Ou le faire rentrer dans la nuit infernale.
A l'encens de Jocaste allez mêler vos vœux;
Il va, n'en doutez pas, les élever aux Cieux.

SCENE III.
IPHISE, NAXOS.

NAXOS.

De noirs préssentiments l'horreur involontaire
Afflige mon esprit d'un sentiment contraire.
Enfin depuis six jours, que vomi parmi nous,
Un monstre, des enfers, y porta le courroux :
Je n'éprouvai jamais une frayeur égale,
A celle, que me fit l'impression fatale
Dont hier, Layus, voulut nous cacher les effets :
Et qui peignoient la mort sur chacun de ses traits.

IPHISE.

Tu sais, ma sœur, qu'heureuse en ma douce ignorance,
J'aime l'erreur qui vole autour de l'espérance ;
Et que moins empressée à lire l'avenir,
Je voudrais empêcher le présent de s'enfuir.
Les Dieux m'ont faite ainsi ; tel est mon caractere.

ACTE I.

De celui de Jocaste, & du vôtre il differe.
Mais combien avons-nous d'éxemples éclatants,
Qu'un même sang, forma des êtres différents !
De Jocaste & de vous je sais les avantages ;
Mais le sort entre nous a réglé les partages.
A Jocaste il donna les plus rares talents ;
Il vous combla, ma sœur, aussi de ses présents.
Plus humble en mes desirs, Naxos, je suis contente
De peindre l'avenir d'une couleur riante ;
Ou de n'appercevoir son immense tableau
Qu'au travers de l'espoir qui me sert de bandeau.

NAXOS.

Je sens de ce discours l'ingénieuse adresse.
Mais dussiez-vous, ma sœur, m'accuser de faiblesse,
Je vois, avec surprise, avec étonnement,
Que votre esprit s'occupe à vaincre en ce moment
La terreur qu'il fait naître ; & celle qu'il inspire
Aux peuples alarmés de ce puissant Empire.

IPHISE.

Pourquoi compter, ma sœur, que les vœux de Layus
Vont être rejettés, au lieu d'être entendus ?
Pourquoi fermer le Ciel à ses vives prieres,
Et voir toujours les Dieux armés de leurs tonnerres ?
Ne quittent-ils jamais leur immortelle Cour ?
Ne viennent-ils jamais habiter ce séjour ?
Et sans cesse Apollon, en sa vaste carriere,
De son char enflammé jette-t-il la lumiere ?
La Nature a besoin de la fraîcheur des nuits,

A iij

JOCASTE,

NAXOS.
Je ne troublerai plus vos tranquilles éfprits;
Ma fœur.

IPHISE.
Je vois combien mon difcours vous offenfe;
Mais je vous veux enfin faire ma confidence.
Je conçois que le peuple en fon emportement
S'abandonne à l'erreur de fon aveuglement;
Et qu'au lieu d'éclairer une foule imbécille,
Les Rois, à leurs projets, puiffent la croire utile.
Soutenant de l'Etat, les rênes dans leurs mains,
Ils penfent que l'erreur eft le plus fûr des freins.
La fuperftition joint le Ciel à la Terre,
Et répand fur le Trône un voile néceffaire.
Ce monftre eft un efclave, encor qu'il foit tyran.
Il ne rompit jamais fon frein en le mordant.
Au lieu de la brifer, il veut donner fa chaîne;
Mais qui fait s'en faifir, avec elle l'enchaîne.
Ainfi donc, que Layus paroiffe confterné:
Qu'aux Autels d'Apollon humblement profterné,
Il montre un front fuperbe, incliné vers la terre:
C'eft ainfi qu'il fubjugue un infenfé vulgaire,
Dont l'orgueil, fatigué du pouvoir des grandeurs,
Lâchement dans le Ciel, va chercher fes vengeurs.
Que nous fervions Layus, aux myfteres du Trône,
Son éclat luit fur nous, ou bien nous environne.
Mais au lieu d'en jouir, c'eft réfpécter l'erreur
Que fe couvrir toujours de fon mafque impofteur.

ACTE I. 7

Quittez-le donc, ma sœur, & convenons enfemble
Que jufqu'ici, le fphynx, n'offre rien qui raffemble
Et le pouvoir du Ciel, & fa févérité.
Quel qu'il foit, fon ouvrage a de la majefté,
Le fphynx ne porte point l'éffrayant caractere
Des monftres, que le Ciel créa dans fa colere.
L'hydre, le minautore, & tant d'autres divers,
Durent épouvanter en effet l'univers.
Mais le fphynx ne paroît qu'un bizarre affemblage
Que le hafard, peut-être, offre au mépris du fage.
Il éxcite & punit la curiofité
Du vulgaire ignorant, dont il eft écouté.
Mais en tous lieux va-t-il d'une éffroyable rage,
Précédé par la peur, y femer le ravage ?
Il parle ! Qu'a-t-il dit ? & du Ciel courroucé
Depuis fix jours, Naxos, qu'a-t-il donc annoncé ?

NAXOS.

Ainfi que vous, ma fœur, je penferais peut-être,
Si de fes mouvements mon cœur était le maître.
Mais vous pourriez penfer auffi tout comme moi,
Si votre efprit était frappé, d'un jufte effroi.
Plut aux Dieux que le fphynx, lui feul, pût le produire!
Mais, hélas ! c'eft Layus ; c'eft lui qui me l'infpire.
Hier au foir. (Jufqu'alors ma fœur vous avez vu
Que je croyois le fphynx par un fort imprévu
Jetté plutôt ici qu'en une autre contrée :)
Mais, hier, par Euphemon au palais rencontrée ;
Je lui parle du fphynx : il s'arrête un moment,

Et raconte, non pas sans quelque empressement
Ce qu'avoit dit ce monstre au peuple qui l'écoute;
Il monte chez Layus, qui l'attendoit sans doute ;
Et moi, presqu'aussi-tôt, dans mon appartement.
Mais bientôt il y vint, & son égarement
M'apprend déjà l'objet qui pouvoit l'y conduire.
Ne me demandez plus ce que je ne puis dire,
Me dit-il en tremblant, & presqu'à mes genoux.
L'énigme proposée en présence de tous,
Je n'ai pas balancé, Naxos, de vous l'apprendre ;
Mais Layus la connoît : Layus vient de l'entendre,
Et m'a trop fait juger par son étonnement,
Qu'il en voyoit le sens, dont mon entendement
Ne s'étoit pas formé la plus légere idée.
D'un noir préssentiment, son ame est obsédée.
Il viendra vous apprendre, ou vous fera savoir,
Qu'au temple d'Apollon, demain... qui sait : ce soir ;
Il veut aller lui-même en sa sollicitude
Y déposer le poids de son inquiétude.
Ne croyéz pas pouvoir sans indiscrétion
Parler au Roi, du sphinx, ou prononcer mon nom ;
Gardez-vous-en, Naxos.... hé je vous en supplie,
Vous pourriéz de Layus empoisoner la vie.
Ne me résistez pas, réspéctéz son sécrêt.
Bien moins en courtisan, qu'en fidele sujet,
J'ai craint que le hasard d'une aveugle imprudence
Ne vous fît, mais trop tard, regretter le silence :
Et mon devoir étoit de vous en prévenir.

ACTE I.

Voilà pourquoi ma sœur, sans percer l'avenir,
Sans prétendre sur-tout, l'annoncer, le prédire;
Chez Jocaste hier au soir, Iphise, je pus lire
Sur les traits de Layus, sans beaucoup la chercher,
La terreur qu'à nos yeux il prétendoit cacher,
Quand il nous annonça, comptant bien nous surprendre,
Le parti qu'il venoit de résoudre & de prendre.
Celui d'aller enfin seul avec Euphemon,
Consulter sur le sphinx l'oracle d'Apollon :
Et, que pour empêcher qu'on osât lui répondre,
Il parut nous parler, bien moins que nous confondre.
Mais comme, en nous quittant, son regard inquiet,
Se porta sur nous trois : il me parut discret,
En vous quittant aussi, de l'éloigner, de craindre
Que nous attendissions pour ne plus nous contraindre,
Qu'il se fût retiré : je suivis donc ses pas,
Et vis que je tirois Euphemon d'embarras.

IPHISE.

Qu'elle étoit donc, ma sœur, cette énigme terrible ?

NAXOS.

Chaque instant me la rend plus incompréhensible.
Mais qu'importe pour nous sa triste obscurité ?
Layus y découvrit l'affreuse vérité.
Nous la saurons assez ! Hé puissions-nous apprendre,
Qu'assez tôt à Layus elle s'est fait entendre.
Mais Jocaste s'avance. Il faut la prévenir
Du destin qu'on commence à pouvoir découvrir.

SCENE IV.

LES MÊMES, JOCASTE.

JOCASTE.

Que difiez-vous, mes sœurs?...votre maintien m'annonce
Que, loin de vous flatter qu'une heureuse réponse
En éclairant Layus, pourra le rassurer :
Vous croyez que Layus ne pourra pénétrer
Dans l'abîme des tems, sans regretter d'apprendre
Un sort, qu'il eût été bien plus prudent d'attendre.

IPHISE.

Je le crains, & Naxos paraît le redouter.
Mais pourquoi fuir le sort qu'on ne peut éviter ?
Quand Layus sur le trône eût voulu s'en défendre,
Le peuple en ce palais n'á-t-il pas fait entendre
Qu'il venait l'y chercher, & ne prétendait plus
former en son danger, des desirs superflus ?
Layus á prévenu sa volonté fougueuse,
Sa priere bientôt devint impérieuse.
Il commence humblement d'abord par demander;
Mais il sait promptement finir par commander.
Layus dut prévenir cette hydre menaçante,
Qui de cent mille voix forme la voix tonante
Devant laquelle hélas il faut s'humilier

ACTE I.

Dès que ce monstre affreux commence de crier.

JOCASTE.

J'avoûrai cependant que je suis interdite ;
En voyant son départ, ressembler à la fuite.
Quelles raisons, mes sœurs, l'a pu précipiter ?
Concevez-vous enfin ce qui dut le hâter ?

NAXOS.

J'en parlais dans l'instant, ma sœur, avec Iphise,
Et je crois qu'à présent elle en est peu surprise.
Je disais que Layus par Euphémon instruit
D'une énigme du sphynx, en parut interdit :
Et qu'éprouvant enfin une frayeur secrette
Que lui causait du Ciel, l'étonnant interprete,
Il résolut d'aller seul avec Euphémon
Consulter sur son sort, l'Oracle d'Apollon.

JOCASTE.

Comment ? par Euphémon vous en fûtes instruite ?

NAXOS.

Il s'y trouva forcé, pour éviter la suite
Qu'allait peut-être avoir son indiscrétion.

JOCASTE.

Son indiscrétion !

NAXOS.

    Sans doute avec raison
Jocaste, de ce mot vous paraissez surprise.
En effet par hasard Euphémon l'a commise.
Jusqu'à ce jour le sphynx avait souvent parlé
Sans avoir à Layus rien encor révélé.

Euphémon me difant ce qu'il venoit d'entendre,
Comme moi le croyait impossible à comprendre.
Mais, voyant que Layus le comprenait trop bien;
Il vint me supplier de ne m'ouvrir sur rien.
Et, pour se rassurer sur mon prudent silence,
Du trouble de Layus me fit la confidence.

JOCASTE.

Que vous dit Euphémon ? daignez le répéter.

NAXOS.

Par tous les Immortels, je puis vous protester
Que voulant ce matin de cette énigme obscure
Me rappeller l'étrange & sombre contéxture,
Malgré tous mes efforts, il fallut renoncer
A retrouver ses mots, sans pouvoir les penser.
De ma mémoire enfin elle était effacée.
La nuit, en dissipa la funeste pensée.
En me laissant pourtant une sensation,
Qui tourmentait encor ma trop faible raison.

JOCASTE.

Ce qui vous paraissait obscur, impénétrable,
Layus en pénétra le sens invraisemblable ;
Vague pour nous, Naxos, il était clair pour lui.
Mais cela me fait voir & m'éxplique aujourd'hui
Ce que j'avais hier tant de peine à comprendre.
Jusqu'alors les Thébains n'avaient pas fait entendre
De leur effroi mortel, les coupables excès :
Ni retentir ces murs, de transports indiscrêts,
S'ils voulaient de Layus implorer l'assistance,

ACTE I.

Ils n'avaient pas encor montré d'impatience.
Qui force donc Layus en ce tranquille instant,
Disais-je, à nous quitter si précipitamment ?
Pourquoi s'empresse-t-il de déscendre du Trône ?
Quel est donc le danger qui le frappe ou l'étonne ?
Le voir aller tout seul au Temple d'Apollon
M'avait déjà donné quelque léger soupçon.
Pourquoi faire en secret, de publiques offrandes ?
Et suplier tout bas, ce Dieu, sur nos demandes ?
De l'alarme connue il a su profiter ;
Et la simplicité qu'il voulut affecter
Pour implorer bien vîte un secours nécessaire,
Lui servit à cacher un plus profond mystere.
Oui, je n'en doute plus, au Temple d'Apollon
Layus n'est point allé seul avec Euphémon.

NAXOS.

Je pense ainsi que vous, un funeste présage
Sans doute est la raison d'un aussi prompt voyage.

SCENE V.

LES MÊMES, PHORBAS (*Grand-Prêtre du Destin, suivi du peuple*).

NAXOS.

Du Destin le Ministre ici porte ses pas !...
Pourquoi donc y vient-il ?...

JOCASTE (*à Phorbas*).

Que voulez-vous, Phorbas ?

PHORBAS.

Exécuter des Dieux le sacré ministere.

JOCASTE.

Venéz-vous annoncer la paix ou leur colere ?

PHORBAS.

Je viens vous menacer d'un funeste destin.
Le sphynx vient d'annoncer que Layus voit sa fin.

JOCASTE.

Quoi ?

PHORBAS.

De la vérité dans un obscur langage
Le sphynx ne cache plus la redoutable image ;
Il vient de la prédire avec trop de clarté.
Ce peuple l'entendit, & par ses flots porté
Dans ce triste Palais : je dois vous en instruire.

ACTE I.

JOCASTE.

C'est trop languir, Phorbas; eh bien qu'a-t-il pu dire?

PHORBAS.

Je vins pour prévenir Layus sur son déstin:
Il me dédaigna trop. Il voit déjà sa fin.
Je vois la mienne aussi. Mon vainqueur va paraître.
Jocaste est sa conquête. Il sera votre maître.
Mais des maux que j'annonce, & que vous souffrirez,
Par Jocaste & par lui vous serez délivrés.

JOCASTE.

Que d'horreurs à la fois.

IPHISE.

Phorbas, est-il possible?

PHORBAS.

Vous avez entendu cet oracle terrible.
Veuille le Ciel, hélas! ne le pas confirmer!
Mais ne l'espérez pas.

(*Phorbas se retire; le peuple le suit*).

SCÈNE VI.

LES MÊMES.

JOCASTE.

Qui pouvait se former
De ce gouffre de maux la plus légere idée?

JOCASTE.

Malgré le trouble affreux dont je suis possédée,
Il faut de toutes parts, & sur tous les chemins,
Envoyer prévenir Layus de ses destins...
Peut-être, chere Iphise, il en est temps encore,
Et je vais ordonner...

IPHISE.
Quoi donc?
JOCASTE.
Eh! je l'ignore.

Fin du premier Acte.

ACTE

ACTE SECOND.

SCENE I.

NAXOS, ANAXES.

ANAXES.

Naxos, est-il bien vrai ? ne vous trompez-vous pas ?
Tout Thebes retentit du bruit de son trépas ;
Mais dans le trouble affreux que cet instant prépare,
Le vrai parmi le faux se confond & s'égare :
On veut, on croit, on dit, on se flatte, ou l'on craint ;
Mais de la vérité....

NAXOS.

    L'on ne vous trompa point.
Non loin de ces tombeaux où les cendres guerrieres
Reposent à couvert des lauriers funéraires,
Au chemin qui conduit au temple d'Apollon :
On vient de voir Layus, & l'on vit Euphemon,
L'un sur l'autre expirés, tous deux sur la poussiere ;
Et tous deux de leur sang ayant rougi la terre.

ANAXES.

Grands Dieux !

     B

NAXOS.
Jocaste avoit déjà de toutes parts
Envoyé découvrir.... mais bientôt ses regards
Ont été convaincus par un témoin fidele
Du coup dont le destin prépara la nouvelle.

ANAXES.
O Layus ! ô mon frere ! ô coup affreux du sort !
Il ne me reste plus qu'à désirer la mort.
Comment ne pas te suivre ! ah, sais-tu bien, mon frere,
Ce qu'exige de moi mon sacré ministere.
Toi, qui me fis quitter l'intrépide Pallas,
Qui me fis renoncer au grand art des combats,
Et qui ne permis plus à ma main belliqueuse,
D'arracher à la gloire une palme douteuse.
O toi, qui des autels saintement effrayé,
As voulu, sur ton frere, y monter appuyé.
Toi, qui brisas mon glaive, & me mis la thiare !
Sais-tu ce que le sort aujourd'hui me prépare ?
Sais-tu qu'à peine éteints au fond de ton cerceuil
Ces flambeaux de l'hymen, disparus dans ton deuil,
Il faut les rallumer ? & que je dois encore
Les pêtrir de l'encens que leur flamme dévore ?
Et pour qui donc ? non, non, je ne verrai jamais...
Mais, Naxos, pardonnez de trop justes regrets,
Pardonnez-les... frappé de mortelles atteintes,
Je n'ai pu dévorer mes soupirs ni mes plaintes...
Quand on est malheureux on ne pense qu'à soi,
De l'infortune, hélas ! c'est la funeste loi,

ACTE II.

Le bonheur multiplie, & le malheur isole.
Pardonnez... je le sais... Jocaste se désole,
On dit même qu'on craint pour ses jours.

NAXOS.

Vous voyez
Que de pleurs éternels ils vont être noyés.
Mais à présent, Seigneur, sa douleur est muette,
Plût au ciel qu'elle fût véhémente, indiscrette.
L'amertume des pleurs pourroit la soulager.
Mais d'instans en instans on la voit se plonger
Dans l'abîme profond de la mélancolie.
De son accablement elle n'est pas sortie.
Sans proférer un mot, elle a déjà quitté
De ses riches atours l'orgueilleuse beauté,
En longs habits de deuil, de crêpes entourée,
Elle est ensevelie au lieu d'être parée.
Mais comme dans son cœur j'eus toujours moins d'accès
Qu'Iphise, qui peut-être en connoît les secrets,
J'ai voulu la laisser un moment avec elle,
Et j'attends pour rentrer qu'un nouveau soin m'appelle ;
Mais Arcas, effrayé, semble en presser l'instant.

SCENE II.
LES MÊMES, ARCAS.

NAXOS.

Où portez-vous vos pas.... arrêtez un moment,
Vous semblez poursuivi :

ARCAS.

Le sort cruel m'entraîne,
Je cherche, & cependant je devrois fuir la Reine ;
Mais je vous vois, Naxos, & vous aussi Seigneur,
Vous lui ferez savoir l'excès de son malheur.
De la mort de Layus Thebes est informée,
Bien moins par des témoins que par la renommée.
Mais par-tout abattus,& par-tout dispersés,
Les Thébains, en tous lieux l'un par l'autre pressés,
Font retentir déjà les temples, les portiques,
De la calamité des malheurs domestiques ;
Et chacun à chacun, se demande ou se dit,
Ce que tantôt le sphinx au peuple avoit prédit.
Le sphinx ne semble plus un composé bizarre,
Dont le hasard paroît heureusement avare.
En faveur de Layus on le croit inspiré,
Mais écouté trop tard, Layus est massacré.

ACTE II.

On désire & l'on craint l'instant où doit paroître
Son vainqueur annoncé pour être notre maître.
En succombant sous lui, le sphinx doit se venger,
Mais Jocaste avec lui, saura nous protéger,
Et faire succéder à ces moments terribles
Les tranquilles douceurs de jours purs & paisibles.
On entendoit parler ainsi de toutes parts,
Les Thébains agités : alors qu'à nos regards,
Tout à coup se présente un spectacle effroyable :
Il étoit annoncé par la foule incroyable
Qu'on voyoit précéder, & sur-tout entourer
Un grouppe de soldats qui paroissent tirer
Une espece de char qui recule ou s'avance
Suivant l'impulsion de cette foule immense.
Enfin on le découvre, & l'on voit des soldats
Qui gardent les tombeaux consacrés à Pallas,
Traîner un malheureux : on le croit sacrilege :
On croit qu'il viola le sacré privilege
De ces lieux dévoués à l'éternel repos ,
En fouillant de ses mains les cendres des héros.
On dit qu'il va périr , & qu'au sphinx on l'expose.
On se repete après que le sphinx lui propose
L'énigme qui bientôt devoit le lui livrer.
Mais lors, cent mille voix commencent à crier,
C'est lui ; c'est son vainqueur, le sphinx tombe, il expire.
Vous jugez bien, Seigneur, qu'on ne sauroit décrire
Ce que dans cet instant on a vu se passer ;
Sans en être témoin, il suffit d'y penser.

B iij

Mais aux transports qui font répéter dans la joie?
C'est le libérateur que le Ciel nous envoie;
Succede incessamment une nouvelle horreur,
Laquelle augmente encor l'empire du vainqueur,
Et, bien plus que jamais, le rendra nécessaire.
Le sphinx, en expirant, infecta l'atmosphere,
Et ses derniers soupirs exhalent les poisons
Qui chargent de leurs feux l'air que nous respirons.
Tout prépare au vainqueur encore une victoire;
Il a détruit le sphinx, il doit avoir la gloire
De combattre à présent & de vaincre la mort.
Enfin c'est dans ses mains que chacun voit son sort.
On le presse, & bientôt vers le Temple on l'entraîne,
En répétant cent fois : *Il faut chercher la Reine.*
A ces mots je n'ai pu résister plus long-temps,
Et viens vous annoncer que dans peu de moments
Vous allez voir ici cette foule inhumaine
Demander à grands cris qu'on lui donne la Reine;
Faire parler le Ciel, & lui faire obéir.

NAXOS.

Vous me faites trembler.

ARCAS.

Madame, il faut agir;
(*à Anaxes.*)
Ne perdez pas de temps, Seigneur, croyez qu'il presse.
Que peut-on opposer à l'incroyable ivresse
D'un peuple gémissant sous la main du Destin,
Et qui de ses malheurs croit obtenir la fin,

ACTE II.

En remplissant la loi que le sort a prescrite?
Fût-il possible enfin d'éviter sa poursuite,
D'opposer une digue à ses flots menaçants,
D'en couvrir le Palais pendant quelques instants;
Quels remparts formeront la barriere puissante
Qui défendra ces lieux de la mort dévorante?
L'invincible pouvoir de la contagion
Augmente à tout moment son funeste poison.
On veut respirer l'air, c'est la mort qu'on respire,
Et les Rois, comme nous, en subissent l'empire.
Allez trouver Jocaste, & ne différez plus,
Seigneur, à la soumettre aux ordres absolus
D'un Destin rigoureux, mais trop inévitable.

NAXOS.

Tout ce que dit Arcas me confond & m'accable;
A ces pressants dangers je ne puis résister,
Et contre eux vainement je veux me révolter.
(*Au Grand-Prêtre*).
Si le Sort, en ouvrant sous nos pas un abîme,
Eût annoncé, Seigneur, qu'une seule victime
Pourroit le refermer en s'immolant pour tous,
Il seroit glorieux d'épuiser son courroux,
Et, du sein des tombeaux, d'appeller à la vie
Une foule innocente à la mort asservie.
Mais quand Jocaste & vous braveriez le trépas,
Pourriez-vous nous sauver? Vous ne le pourriez pas.
Loin de vous immoler par un noble courage,
Pour rompre les liens d'un commun esclavage,

B iv

On croirait qu'indignés de vous y voir soumis,
Il vous faut des sujets, ou bien des ennemis.
Mais, que dis-je, Seigneur, soit faveur ou bien haine,
Le Destin ne tient plus sa balance incertaine :
C'est le vainqueur du sphinx qui pourra nous venger
Des malheurs dans lesquels Layus sut nous plonger ;
Et si Jocaste enfin doit être sa conquête,
C'est pour la couronne qu'il demande sa tête.
De son premier hymen les nœuds sont dénoués :
Ceux-ci, faits par le Sort, en sont donc avoués.
Allez trouver la Reine, & sachez lui prescrire
Le parti d'où dépend le salut de l'Empire.

Lui prescrire l'arrêt par le Destin dicté ?
Et qui peut se soustraire à la nécessité ?

SCENE III.

NAXOS, ARCAS.

ARCAS.

Les discours d'Anaxes, & sur-tout son exemple,
Sans doute entraîneront la Reine dans le Temple.

Le frère de Layus l'attendans aux Autels,
Pour enchaîner ses mains par les nœuds solemnels,
Dont le Destin forma le favorable auspice

ACTE II.

Qui sans doute à nos yeux va le rendre propice,
Doit parler à Jocaste avec autorité;
Mais je connois ma sœur & je crains sa fierté,
Sous le joug de Layus elle a vécu soumise.
Mais crois-tu de ce joug qu'elle vécût éprise?
Et des fers dont Layus a pu l'envelopper,
Que Jocaste jamais n'ait tenté d'échapper?
Crois-tu que, de ses fers constamment amoureuse,
Sans cesse elle ait chéri la rigueur soupçonneuse,
Et toujours caressé sous l'ombre des égards
De Layus inquiet les surveillants regards?
Je te le confierai; plus je pense au contraste
Qu'offre le caractere étonnant de Jocaste,
Ses respects pour Layus, & pourtant sa fierté;
Ses orgueilleux talents, & leur orgueil domté:
Plus je pense qu'entr'eux un surprenant mystere
Soumit Jocaste au pli qu'il rendit nécessaire.
Mais la force qui put dominer son essort,
Disparoît aujourd'hui dans les bras de la mort:
Sous le joug de Layus, & timide & craintive,
Jocaste désormais ne sera plus captive.
Arcas, te flattes-tu de la voir consentir
A reprendre le joug dont on la voit sortir,
Et dont le poids, peut-être, Arcas, l'a fatiguée;
Ou crois-tu par ce joug son ame subjuguée
Au point de regarder sans indignation
Que, prête à contenter sa fiere ambition,
A monter sur le Trône, à gouverner l'Empire;

Elle obéisse aux loix qu'on prétend lui prescrire ?
Penses-tu que Jocaste, avec un étranger,
Avec un inconnu, consente à partager
Les honneurs du pouvoir, les charmes de la gloire,
Et daigne recevoir, des mains de la Victoire,
Le mortel qu'à ses yeux elle veut couronner ?

ARCAS.

Hélas ! elle voudroit vainement s'obstiner
A lutter un moment contre un Destin perfide ;
Il ne consulte pas ce Dieu : mais il décide,
Et le sort de Jocaste est déjà décidé.
Vous allez voir bientôt ce Palais inondé
De Thébains furieux, dont les fieres cohortes
Viendront insolemment en assiéger les portes.
Déjà je vois Dymas en ces lieux accourir ;
De ce danger sans doute il vient nous avertir.

SCENE IV

LES MÊMES, DYMAS.

DYMAS.

NE pouvant opposer aucune résistance
Aux flots tumultueux du peuple qui s'avance,
Et qui déjà, Naxos, menaçoit ce Palais,
J'ai supplié Phorbas d'empêcher les excès

Qui pouvoient dégrader l'augufte & vafte enceinte
Où la grandeur des Rois par les Arts eft empreinte.
Les Chefs de nos Tribus & Phorbas l'ont promis,
Et non fans murmurer le peuple s'eft foumis.
Mais dans l'inftant, Naxos, vous allez voir paroître
Tous les Chefs des Tribus qui fuivent le Grand-Prêtre.
Prévenez-en Jocafte.

NAXOS (*à Arcas*).

Allez, courez, Arcas.

SCENE V.

LES MÊMES, PHORBAS.

NAXOS.

HA! Dymas, dans ces lieux ils ont porté leurs pas.

PHORBAS (*en montrant le peuple*).

Soumis aux loix du Sort qu'il vient de leur prefcrire,
Les Chefs de nos Tribus & les Grands de l'Empire,
Me forcent maintenant de leur prêter ma voix,
Afin d'en informer la veuve de nos Rois;
Prédites par le fphinx, la mort les exécute.
Mais le Ciel qui menace, & qui nous perfécute,
Livra déjà le fphinx au bras libérateur
Qui de plus grands fléaux doit être encor vainqueur.
Au Trône des Thébains fa victoire l'appelle.

Jocaste en descendra s'il n'y monte avec elle:
Mais le Sort a permis qu'elle y regne avec lui;
Et que pour eux l'hymen brille encore aujourd'hui.
A Jocaste ses feux doivent paraître sombres.
De ses chagrins, la Reine y peut mêler les ombres.
Mais si voulant se faire un frivole devoir,
Qui, sans la soulager, trahirait notre espoir...
Si de Layus enfin voulant pleurer la cendre
Contre l'ordre du Ciel, elle osait se défendre,
Jocaste, abandonnée aux loix de son vainqueur,
Parmi tous ses sujets n'aura pas un vengeur.
En un tombeau la mort va changer ces murailles;
Elle cache sa faulx, mais brûle nos entrailles.
Si pour nos maux enfin Jocaste est sans pitié...
Sa barbarie alors m'aura justifié. —
Princesse... il en est temps..., à Jocaste allez dire
Que son vainqueur... au Temple.

N A X O S.

Oui, je vais l'en instruire.
(*Après quelques instants de silence, on voit les sœurs de Jocaste l'entraîner sur la scène; le peuple l'entourer & la conduire au Temple*).

ACTE TROISIEME.

SCENE I.
IPHISE, NAXOS.

NAXOS.

Viens, ma sœur, viens ici, ne nous contraignons plus.
Quel funeste présage !

IPHISE.

O Jocaste ! ô Layus !

NAXOS.

Chaque instant de ce jour est un nouveau prodige !

IPHISE.

Tous ces événements paroissent un prestige.

NAXOS.

Avez-vous vu, ma sœur, le Grand Prêtre frémir,
Nos autels s'ébranler & leurs flambeaux pâlir,
Lorsque de l'hymenée entonnant les cantiques,
Les Thébains de leurs chants ont rempli les portiques.

IPHISE.

Dans cet instant, Jocaste... & son nouvel époux !
Partageoient mes regards. Je craignois plus que vous,
Que Jocaste aux autels en esclave entraînée,

Après avoir subi la triste destinée
Qui, de Layus à peine aux enfers descendu,
Fait passer cependant aux mains d'un inconnu
Le trône des Thébains & leur Reine éplorée,
Aux pieds de ces autels à sa douleur livrée,
N'en terminât le cours.

NAXOS.

Je l'ai cru comme vous.

IPHISE.

Ah! ma sœur que j'ai craint son superbe courroux,
Quand le peuple enivré d'un insensé délire,
Imputant à Layus les fléaux de l'empire,
Chargeoit son nom sacré de malédictions,
Et combloit l'étranger de bénédictions.
Auparavant Jocaste, interdite, éperdue,
Sous des voiles épais avoit caché sa vue ;
Elle les jette alors, & s'élance à l'autel.
Dans ce terrible instant, j'ai cru qu'un fer mortel
De sa gloire offensée alloit venger l'injure ;
Mais ce jeune étranger, pressé par la nature,
A prévu son dessein, vole devant ses pas ;
L'éclair n'est pas plus prompt, Jocaste est dans ses bras.

NAXOS.

Des victimes, ma sœur, encore palpitantes,
Je regardois alors les entrailles fumantes.
Le Grand Prêtre y cherchoit la volonté des Dieux ;
Je n'en détournai point mes regards curieux.

ACTE III.

IPHISE.

Ha! que n'as-tu pu voir l'effet de la surprise
Par Jocaste éprouvée!

NAXOS.

Eh bien, ma chere Iphise.

IPHISE.

A peine dans ses bras, son front s'est éclairci,
Son regard brille encor, mais il brille adouci;
Son cœur ne paroît plus pressé par les alarmes;
Elle peut soupirer & répandre des larmes.
Son jeune époux ému de ce touchant aspect.
S'éloigne & puis revient saisi d'un saint respect.
Ils ne sauroient parler, ils paroissent s'entendre.
Enfin du même instinct ne pouvant se défendre,
Ou plutôt de leur sort remplissant les décrets,
Leurs sermens de l'hymen confirment les apprêts.

NAXOS.

Lorsqu'un instinct aveugle, ou trop cruel peut-être,
Les égaroit tous deux, je voyois du Grand Prêtre
Les cheveux hérissés d'épouvante & d'horreur.
Le peuple, ainsi que moi, fut rempli de terreurs,
Lorsque sur les brasiers les victimes mourantes,
Au lieu d'enflammer l'air de leurs vapeurs brûlantes,
Et de porter au ciel leurs prophétiques feux.
Ma sœur, le croirez-vous ? en croirez-vous mes yeux ?
Sans avoir pu brûler, se changerent en cendre.

IPHISE.

Qu'avez-vous dit, Naxos, & que viens-je d'entendre?
Quelle fin aura donc ce jour trop malheureux ?

SCENE II.
LES MÊMES, MÉANDRE.

MÉANDRE.

Le Grand Prêtre à l'instant va se rendre à vos vœux.
IPHISE.
Ma sœur, il vient prier sur l'autel de nos peres,
Des Dieux qui jusqu'ici nous furent moins severes.
Il purifiera l'air de ce triste palais,
Et de son art divin emploiera les secrets.
Il exauce, ma sœur, mon ardente priere.
NAXOS.
Hélas ! veuillent les Dieux l'écouter sans colere !

SCENE III.
LES MÊMES, LE GRAND-PRÊTRE.

IPHISE.

O vous du Dieu d'Hymen, Ministre révéré,
Vous frere de Layus, mais qu'un devoir sacré
A forcé d'étouffer le trop juste murmure

Qu'aux

Qu'aux vulgaires humains inspire la Nature,
Lorsque sa loi mortelle arrache à nos desirs
L'objet de nos respects, ou ceux de nos plaisirs ;
Vous qui sûtes cacher votre douleur profonde
En effrayant la Reine, en étonnant le monde,
Des maux auxquels Jocaste allait nous condamner,
Si dans un deuil profond, prétendant s'obstiner,
Elle offrait au destin sa vaine résistance,
Quel sera donc le prix de son obéissance ?
Parlez, & sur Jocaste attirez les faveurs
Que lui doit mériter le cours de ses malheurs.

Le Grand-Prêtre.

Je ne puis qu'implorer la puissance céleste ;
Mais, Princesses, déjà d'un avenir funeste
Elle a trop découvert l'épaisse obscurité :
J'ai lu l'arrêt sanglant de la fatalité.
Ah ! n'avez-vous pas vu, vous-mêmes, dans le Temple
Des présages affreux jusqu'ici sans exemple ?

Iphise.

Ma sœur à leur récit me faisait frissonner !
Mais le Ciel aux humains ne peut-il pardonner ?
Ah ! j'ai cru qu'il cessait de nous être infléxible.
N'en doutez pas, j'ai vu, dans ce moment terrible
Jocaste & son époux éprouver à-la-fois
D'un instinct mutuel, les infaillibles loix.
Ce qu'ils ont éprouvé n'est point une imposture ;
Tous deux ont entendu la voix de la Natúre.
J'ignore, comme vous, par quels enchantements

Elle les pénétra des mêmes sentiments ;
Sans doute de ce jour c'est encore un prodige :
Mais je n'en puis douter.

LE GRAND-PRÊTRE.

De ce faible vestige
Votre cœur satisfait, votre esprit enchanté,
Auraient voulu couvrir l'affreuse vérité ;
Mais chaque instant du jour, trop fécond en merveilles,
En a frappé nos yeux, ou frappé nos oreilles.

(*On entend du bruit dans le Palais. Les personnages restent interdits; ce bruit augmente. Le Grand-Prêtre se retire & les Princesses accourent à l'appartement de Jocaste dans l'instant que Jocaste & qu'Œdipe entrent sur la scene*).

SCENE IV.

ŒDIPE, JOCASTE (*ses sœurs sur l'arriere-scene*).

ŒDIPE.

Ne suivez point mes pas.

JOCASTE.

Où vas-tu ?

ŒDIPE.

Je vous fuis.

ACTE III.

JOCASTE.

Calmez vos sens, Seigneur : rentrez.

ŒDIPE.

Non, je ne puis...
Je ne puis plus long-temps soutenir votre vue...
Un pouvoir invincible... une force inconnue
Me la font desirer, & craindre encor bien plus.
Elle me fait sentir des mouvements confus
De tendresse & d'horreur, dont l'union bizarre
M'attire auprès de vous... & pourtant m'en sépare.
La Nature en mon sein confond toutes ses loix.
C'est en vain que je veux reconnoître sa voix :
Au lieu de m'inspirer, ou de se faire entendre,
Dans un obscur instinct...

JOCASTE.

Hélas ! que vais-je apprendre !

ŒDIPE.

Elle mêle à-la-fois, dans mon cœur éperdu,
Les sentiments du crime & ceux de la vertu.

JOCASTE.

Pour vous, Seigneur, le Ciel prodiguant ses oracles,
N'aurait point aux Thébains annoncé vos miracles,
S'il ne vous avait pas destiné de tout temps
A l'immortel honneur de ces événements.
(Funestes pour Layus, mais pour vous pleins de gloire,
Ils vous placent déjà dans le rang que l'histoire
Réserve aux demi-Dieux de la terre adorés.
Les Thébains, par vous seul, du sphinx sont délivrés.

C ij

Le Ciel vous attendait pour en purger la terre.
Pour être comme Hercule, il n'est pas nécessaire,
Seigneur, de terrasser, dans d'illustres combats,
Des monstres abattus par l'effort de son bras.
Mais il faut, comme lui, secourir l'innocence,
Protéger la vertu contre la violence.
D'un demi-Dieu, Seigneur, ce sont là les exploits.
Tels sont aussi pour vous les respectables droits
Qui des heureux Thébains vous donnent la couronne.
Le Ciel l'ôte à Layus ! & le Ciel qui l'ordonne...

ŒDIPE.
Que vient-elle de dire ? & quel est ce Layus
Dont le nom a frappé mes esprits éperdus ?

JOCASTE.
La Grece cependant, Seigneur, vous a vu naître ?
Et vous auriez vécu jusqu'ici sans connoître
Ces noms trop malheureux de Jocaste & Layus ?

ŒDIPE.
L'un & l'autre pour moi sont encor inconnus.
Aux monts du Citeron j'ai reçu la naissance.

JOCASTE.
Du Citeron, grands Dieux !

ŒDIPE.
      J'y passai mon enfance ;
J'y passai mes beaux jours. Malheureux que je suis !
Que n'ai-je de ma mere écouté les avis !

JOCASTE.
Vit-elle encor, Seigneur ?

ACTE III.

ŒDIPE.
Je l'espere & l'ignore.

JOCASTE.

Eh! Seigneur, de ses bras pourquoi si jeune encore
Etes-vous échappé ?

ŒDIPE.
Mon destin l'a voulu.
J'osai lui résister autant que je l'ai pu :
Mais vous savez qu'en vain l'on voudroit s'y soustraire.

JOCASTE.

Daignez, Seigneur, daignez me parler sans mystere
Des mortels vertueux dont vous tenez le jour.
S'ils méprisent l'éclat d'une importune Cour,
J'irai leur apporter, jusques dans leurs asyles,
Les tributs que les Arts enfantent dans nos villes.
Peut-être aussi, Seigneur, qu'au lieu de dédaigner
La Majesté du Trône où vous allez regner…

ŒDIPE.

Ah ! gardez-vous de suivre une ardeur indiscrete !
Ne troublez point mon pere en son humble retraite !
Laissez ma mere & lui sentir dans leurs forêts
Le plaisir du travail, le bonheur de la paix.
En leur sauvage asyle & sous les toits rustiques
Qui couvrent les foyers de leurs Dieux domestiques,
Mon pere goûte un sort plus heureux que le mien.

JOCASTE.

Le vôtre pourrait être aussi doux que le sien.
Sans doute, s'il est beau d'être heureux par soi-même,

C iij

Il est plus beau d'avoir la puissance suprême,
De rendre un peuple entier heureux par nos bienfaits.
Le plus inespéré que vos nouveaux sujets
Pussent tenir de vous, est déjà votre ouvrage.
D'un monstre affreux, du sphinx, ils éprouvaient la rage ;
Mais à peine à ses yeux êtes-vous présenté,
Ses énigmes pour vous n'ont point d'obscurité.
Offert à sa fureur, il est votre victime !
Qui pourrait mériter un transport légitime,
Si du peuple, témoin de ces événements,
Vous n'étiez pas l'objet de ses ravissements ?
Ah ! moi-même, Seigneur, je n'ai pas la faiblesse
De condamner en lui l'excès de son ivresse ;
Je renferme en mon cœur d'inutiles regrets :
Le Destin l'ordonna, Seigneur ; je m'y soumets.
Mais si contre Jocaste il paraît si barbare,
Il semble vous combler du bonheur le plus rare.
Augmentez-le pourtant en éxauçant mes vœux.
Je ne croirai jamais que d'éternels adieux,
Des auteurs de vos jours...

ŒDIPE.

    N'insistez plus, Madame,
Ces noms si chers, si doux, si sacrés pour mon ame,
Gardez-vous pour jamais de me les proférer ;
Dans une sainte horreur vous me verriez entrer.
J'ai dû vous fuir, Eudox ! & vous aussi, ma mere !

JOCASTE.

Eh quoi ! Seigneur, Eudox seroit-il votre pere ?

ACTE III.

ŒDIPE.
Qui vous l'a révélé ce redoutable nom ?
JOCASTE (*à part*).
Quel funeste assemblage, Eudox ! le Citéron !...
Mais pourquoi m'effrayer d'un frivole présage ?
Quoique le Citéron soit un désert sauvage,
Quelques infortunés, du sort persécutés,
Y trouvant le repos, s'y seront arrêtés.
Parmi les Grecs, Eudox est un nom très vulgaire ;
Le rapport de ces noms n'a rien que d'ordinaire :
Pour mon ame agitée il était effrayant ;
Ma raison le rejette : il est indifférent.
(*En s'avançant sur la scene, & plus bas*).
Mais peut-être d'Œdipe il aura connaissance !
Vivant aux mêmes lieux... tous les deux dans l'enfance...
(Hélas ! mon fils ferait du même âge à-peu-près !)
(*à Œdipe*).
Ne trouvez pas, Seigneur, mes discours indiscrets ?
Daignez plutôt répondre à mon humble priere.
Aux pieds du Citeron vous vîtes la lumiere :
Mais, Seigneur, fûtes-vous toujours de vos parents
L'unique & doux objet de leurs soins caressants ?
Et les Dieux n'ont-ils point dans ce lieu solitaire
placé d'autres mortels qu'Eudox & votre mere ?

ŒDIPE.
Leurs esclaves, mes sœurs, voilà les seuls mortels
Que le culte des Dieux rassemble à nos autels.
Que n'y suis-je resté ! mais mon bouillant courage

S'indignant du repos trop peu fait pour mon âge,
N'aimait qu'à s'exercer, dans nos vastes forêts,
A poursuivre une proie atteinte par mes traits.
Quelquefois, n'écoutant qu'une ardeur insensée,
J'abandonnais ma mere à la triste pensée,
Que, sourd à ses conseils, qu'indocile à sa voix,
Elle avait vu son fils pour la derniere fois.
Je ne revenais point sans essuyer ses larmes.
Je lui cause aujourd'hui de bien autres alarmes !
Rarement je passais deux jours loin de ses yeux ;
Et trois fois le soleil a rallumé ses feux
Depuis qu'elle gémit de ma cruelle absence !

JOCASTE.

Ne vous obstinez plus à la même défense,
Et laissez-moi, Seigneur, aller au Citeron.

ŒDIPE.

Gardez-vous de jamais me proférer ce nom...
Un ordre impitoyable, un oracle barbare,
Me font fuir mes parents, dont le Ciel me sépare.

JOCASTE.

Que dites vous, Seigneur ? vous me faites trembler !
Comment sépare-t-il ce qu'il fit pour s'aimer ?

(à part).

Tu ne le sais que trop, ô mere infortunée !

ŒDIPE.

Je n'avais pas fini la premiere journée
Qui m'avait éloigné des paternels foyers,
Qu'entraîné, malgré moi, dans de nouveaux sentiers...

ACTE III.

Ah! ne m'écoutez pas... Grands Dieux qu'allais-je dire?

JOCASTE.

Si vous n'éclaircissez ce mystere... j'expire...
Il n'est plus temps, Seigneur, de me dissimuler
Quel est votre destin; il faut le révéler.
Si le Ciel quelquefois vous vit dans sa colere,
Il paroît aujourd'hui vous être plus prospere:
De Layus il a mis le sceptre dans vos mains;
Il vous fait avec moi regner sur les Thébains.
Enfin, quoiqu'en tremblant j'invoque sa justice...

ŒDIPE.

Cessez de vous flatter que le destin fléchisse...
Et de pouvoir changer l'ordre éternel des temps
Par le sang des taureaux, ou par un pur encens.
Mon pere, pour calmer ma jeunesse fougueuse,
M'a cent fois répété, d'une voix douloureuse :
» Frémis de t'écarter de mes rustiques toits;
» Vivre ailleurs, ô mon fils! n'est pas dans votre choix.
» Vous pouvez parcourir, sans danger & sans crainte,
» Des bois du Citéron la vaste & sombre enceinte;
» Mais pour vous, mon cher fils, qu'elle soit l'univers :
» Vous n'en pouvez sortir sans descendre aux enfers.
» Tel est l'arrêt du Sort; il est inexorable.
» Jadis, non pas mon cœur, mais ma main fut coupable;
» Et c'est pour expier mon crime envers les Dieux
» Que le Sort avec moi vous proscrit en ces lieux
» Aux enfers consacrés... Vous voyez.

JOCASTE (*à part*).

Il s'égare.
Jamais le Citéron n'appartint au tartare,
Ni ses bois aux enfers ne furent consacrés.
    (*à Œdipe*).
Sans doute vos parents, par l'amour inspirés,
Pour vous tenir près d'eux attachés par la crainte,
Ont cru vous enchaîner par cette heureuse feinte...

ŒDIPE.

Malheureuse, tremblez : qu'osez-vous soupçonner !
Voyez, plutôt, voyez.
    (*Il lui montre ses mains, qu'il croit ensanglantées*).

JOCASTE.

Grands Dieux ! qu'imaginer ?

ŒDIPE.

Oui, je suis poursuivi de noires Euménides.
Voyez.

JOCASTE.

Eh quoi ! Seigneur ?

ŒDIPE.

Elles sont homicides.

JOCASTE.

Hélas !

ŒDIPE.

Non loin d'ici...

JOCASTE.

Je tremble.

ACTE III.

ŒDIPE.

Ce matin
J'entrais tout éperdu dans un étroit chemin ;
A peine j'y marchais, une faible lumiere
Me fait appercevoir au fond de la carriere
Deux hommes

JOCASTE.

Juste Ciel !

ŒDIPE.

Qui conduisaient un char ;
L'un était jeune encor, l'autre était un vieillard :
Sans doute épouvantés de voir sur leur passage
Un mortel dont l'aspect leur parut trop sauvage ;
L'un d'eux me crie : Arrête, & sautant de son char ;
Fuis d'ici, me dit-il, ou bien, de ce poignard...
A ces mots menaçants, transporté de colere,
Je m'élance sur lui... nous roulons sur la terre.
Le vieillard pour son fils redoutant mes efforts,
Sur moi se précipite ; il accroît mes transports...
Et l'un & l'autre enfin deviennent mes victimes.

JOCASTE.

Layus ! serait-ce vous ?... Juste Ciel ! quels abîmes
Ouvrez-vous sous mes pas !

ŒDIPE.

Bientôt épouvanté
Du succès trop sanglant que j'avais remporté,
Une nouvelle horreur de mon ame s'empare ;
J'épuise en m'enfuyant ma force trop barbare,

Et je me trouve enfin près d'antiques tombeaux
Elevés en ces lieux aux cendres des héros.
Des cyprès, des palmiers, les couvrent de leur ombre.
Saisi par sa fraîcheur mystérieuse & sombre,
Je crois sortir alors de pénibles stupeurs.
Bientôt une onde claire, offerte aux voyageurs,
Fait passer dans mes sens un calme inconcevable.
Je succombe à son charme (il ne fut pas durable.)
A peine je goûtais les douceurs du sommeil,
Il fut interrompu par un affreux réveil.
Je jouissais encor de l'oubli de mes peines ;
J'étais déja couvert d'épouvantables chaînes :
On m'entraîne ; on me prend pour un lâche assassin :
On me dévoue au sphinx. J'attendais mon destin ;
J'arrive, & ne me sens tirer de l'agonie
Que par les cris aigus d'une horrible furie ;
Ce monstre était le sphinx … J'explique ce qu'il dit :
Il expire à ma vue ; & le peuple interdit,
Etonné, confondu, mais bien moins que moi-même,
Embrasse mes genoux, me ceint d'un diadême,
Me conduit dans le Temple & vous donne ma main.

JOCASTE (*à part*).

Qui de Layus, peut-être, a déchiré le sein ! …
Ah ! Seigneur ! c'en est trop ; finissez, ou j'expire :
(*en rentrant dans l'intérieur du Palais où Œdipe la suit*).
Mais craignez jusqu'à l'air que Jocaste respire.

Fin du troisieme Acte.

ACTE QUATRIEME.

SCENE I.
IPHISE, NAXOS.

NAXOS.

Je vous cherchais, ma sœur.

IPHISE.

Le même empressement
Me conduisoit vers vous.

NAXOS.

Je quitte en ce moment
Le Grand-Prêtre & le Temple où Jocaste prodigue
A des Dieux irrités l'encens qui les fatigue.
Mais ce qu'on aime à croire, est cru facilement.
Jocaste a dû saisir avec empressement
Ce qui détournait d'elle un horrible prodige,
Et rassurait son cœur sur tout ce qui l'afflige.
Il n'en fallait pas plus pour tromper sa raison.

IPHISE.

Pour tromper sa raison ? Quelle est l'illusion
Dont vous me reprochez l'adresse si coupable ?
Jocaste était livrée à la crainte effroyable

D'avoir donné sa main à la sanglante main
Qui venait de Layus terminer le destin.
Sans doute ce soupçon avait trop d'apparence
Pour la laisser passer du doute à l'espérance.
Il troublait ses esprits; il devait les troubler :
C'était à vous, Naxos, à moi, de rappeller
D'un triste souvenir la douloureuse histoire,
Puisqu'on était forcé d'affliger sa mémoire,
Pour consoler son cœur & pour le raffermir,
Contre l'effroi présent qui le faisait gémir.

NAXOS.

Mais dans l'instant, ma sœur, ce que je viens d'entendre
L'avez-vous entendu ?

IPHISE.

Que venez-vous d'apprendre?

NAXOS.

Que Jocaste long-temps nous garda le secret
Qui lui vient d'échapper.

IPHISE.

Quel en est le sujet ?

NAXOS.

Eudox : le Citéron : c'en est assez, je pense,
Pour juger qu'à Jocaste un éternel silence
Sur ces noms par Layus n'eût point été prescrit,
Si, dans l'obscurité dont Layus les couvrit,
Il n'eût pas dû cacher un plus profond mystere.

IPHISE.

J'en conviendrai, ma sœur, je crains de vous déplaire;

ACTE IV.

Mais un unique instant, Eudox, le Citéron,
Ont frappé mon esprit de quelque impression;
La curiosité qu'ils m'avoient inspirée
Fit place à la terreur dont je fus pénétrée,
Lorsque je vis Jocaste entrevoir, découvrir
Que peut-être aux autels... je me sentis frémir;
Mais bientôt, rappellant ma raison éperdue,
Je vis que par la peur Jocaste était déçue.
De la main de son fils Layus fut menacé.
Mais le seul nom d'Eudox, par Eudox prononcé
En découvrant son sort, ainsi que sa naissance,
A mon cœur alarmé rendit la confiance.
Le trouble de Jocaste avait pu l'en bannir;
Mais bientôt la raison a su l'y raffermir.

NAXOS.
Pourquoi donc sur ces noms jetter tant de mysteres?

IPHISE.
Sans eux, sans ce secret, hélas! trop nécessaires!
Layus eût divulgué l'asyle de son fils;
Et par-là ses destins étoient presqu'accomplis.
Pour écarter l'horreur à ses pas attachée,
Sa retraite à jamais devait être cachée.
Pour lui donner la vie, on dut pleurer sa mort.
Pour conserver ses jours, on dut cacher le sort,
Qui condamnait déjà sa main faible & timide
A commettre pourtant un affreux parricide!
Si Layus succombant, & par l'espoir déçu,
Dans son sensible cœur, trop aisément conçu;

A Jocaste eût tenté de cacher ce myſtere.
S'il avait eſpéré terminer ſa carriere,
Et deſcendre à pas lents dans la nuit du tombeau,
Avant qu'un ſort barbare, & cependant nouveau,
Dût l'y précipiter par une main chérie.
Vous voyez que Layus eût déteſté la vie,
Et que le cours des ans qui blanchit ſes cheveux,
L'eût fait trembler de voir arriver avec eux
Le crime enveloppé, mais marchant à leur ſuite.

NAXOS.

Je comprends que d'Œdipe il dut cacher la fuite,
Et que, pour arrêter les regards indiſcrets,
Prévenir de faux bruits, étouffer les regrets,
Il a dû dans ſa Cour, dans Thebes, dans l'Empire,
Faire annoncer la mort d'Œdipe qui reſpire ;
Et qu'en creuſant ainſi la ſource de ſes pleurs,
Elle eut un libre cours ſous de feintes douleurs.
Je comprends qu'à nos yeux, comme à ceux du vulgaire,
Ne pouvant en entier dérober ce myſtere,
Il a ſu réprimer la curioſité,
Et tromper ou forcer notre crédulité.
Mais en nous confiant le funeſte myſtere,
Qui d'Œdipe naiſſant allait priver ſon pere,
Pourquoi donc nous cacher dans quels lieux, par quels ſoins,
En écartant de lui de dangereux témoins,
Il conſervait l'eſpoir, qu'un jour, en ſa clémence,
Le Ciel rendrait Œdipe à ſon impatience ?
Pourquoi donc de Jocaſte enfin nous ſéparer ?

Et

ACTE IV.

Et puisqu'un siecle entiér nous devions soupirer
Et pleurer toutes trois de communes miseres,
Pourquoi rendre les sœurs l'une à l'autre étrangeres?

IPHISE.

De Layus, comme vous, j'ignore le motif.
Par le malheur instruit, il devint plus craintif;
Il avait vu le Temps, d'une main ennemie,
De ses ans moissonner l'espérance chérie,
Ou des Parques, peut-être, arrachant le fuseau,
Enfermer deux enfants dans le même tombeau.
S'il doutait que le Ciel, devenu moins sévere,
Ne l'épouvantât plus de ce doux nom de pere,
C'était là cependant, Naxos, tout son espoir.
Hélas! il dut trembler que l'on pût l'entrevoir;
Et sans doute il craignit que nos larmes secretes
Ne devinssent peut-être enfin trop indiscretes,
Ou bien que la douceur de mêler nos soupirs
Nous inspirât bientôt d'impatients desirs.
Mais ayant à Jocaste imposé le silence
Lorsque de ce secret il lui fit confidence,
Il remplissait, Naxos, ce qu'il s'était promis,
Que, lui mourant, Jocaste aurait alors un fils,
Et que perdant la vie il pourrait la lui rendre.
Voilà, Naxos, je crois, ce qui lui fit défendre
De prononcer un mot & de s'ouvrir jamais,
Même avec nous, ma sœur, sur ces tristes secrets.
Voilà pourquoi Layus nous laissa trop entendre
Que devant succomber sous une main si tendre,

Il allait, entre Œdipe & lui, mettre les mers
Pour dérober son sort aux yeux de l'univers.

Naxos.

O d'un oracle obscur, déplorable victime !
O Layus ! de nos pleurs, objet trop légitime !
De tout ce qui nous frappe en cet affreux moment,
Qui pouvait concevoir l'horrible enchaînement !
Quoi ! du Trône aujourd'hui le sort te précipite !
Et ce n'est pas assez, il faut qu'en sa poursuite
Nous voyons dans l'instant & ton Trône & ton lit...

Iphise.

Ah ! Naxos, arrêtez... vous en avez trop dit.
Si jamais on ne vit sous de plus noirs auspices
Deux époux aux autels offrir leurs sacrifices !
Tel devait être aussi l'effet des changements
Qu'ils éprouvaient tous deux par les événements
Dont la chaîne secrete & le cours trop rapide
Faisait passer Jocaste aux mains d'un homicide,
Sans lui donder le temps de se purifier,
Chose à peine croyable, & dont le monde entier
Ne pourrait pas fournir, peut-être, un seul exemple.
Mais voilà ce qui fit que, revenus du Temple
Tous deux, par un seul crime également souillés,
Se sentirent tous deux l'un par l'autre effrayés.
Mais j'ai détruit l'horreur dont ils étaient la proie ;
Un seul mot dans leurs yeux a fait briller la joie.
N'en doutez pas, Naxos, c'était la vérité
Par la raison offerte à mon cœur enchanté.

Eh ! comment en douter ? Ce que je vous affirme
Les Dieux l'ont annoncé ; le succès le confirme.
Dans l'instant que Jocaste à des Dieux indulgents
Vous chargeait de porter ses vœux & son encens,
Je mis le fils d'Eudox dans les mains d'Aribate;
Et sans qu'un faux espoir, chere Naxos, me flatte,
A moi, comme à Jocaste, il nous fit annoncer
Que les libations venaient de commencer,
Et qu'il ne vit jamais de plus heureux Augures
Promettre à nul mortel d'effacer ses souillures.
Jocaste plus tranquille, & seule en ce moment,
Me paraissait jouir d'un doux recueillement.
Elle attendait Eudox : alors je l'ai laissée,
Sans vouloir pénétrer quelle était sa pensée.

SCENE II.

LES MÊMES, DYMAS.

Naxos.

Mais qui vient nous troubler ?

Iphise.

Ah ! ma sœur, c'est Dymas !
A présent dans ces lieux pourquoi porter vos pas ?
La nuit d'un voile obscur en a couvert les faîtes :
Quelque orage nouveau menace-t-il nos têtes ?

JOCASTE;

DYMAS.

Princesses, vous savez que la Garde du Roi
Ne connaît, ne reçoit des ordres que de moi.
Je viens remplir, hélas ! un devoir trop pénible ;
Je prépare à Layus un asyle paisible :
Avant de le trouver près des Rois ses ayeux,
Vous savez qu'il doit être offert à tous les yeux,
Et qu'enfin c'est ici, sous ce même portique
Qu'il doit être exposé, selon l'usage antique :
Et j'ai placé la garde aux portes du Palais,
Afin d'en éloigner des transports indiscrets.

IPHISE.

Layus va-t-il bientôt...

DYMAS.

D'une foule empressée
Sa pompe à chaque pas se trouve embarrassée ;
Sans cela nous verrions déjà Layus.

NAXOS.

Dymas,
C'est assez.

ACTE IV.

SCENE III.
IPHISE, NAXOS.

NAXOS.

Quoi ! Layus entouré du trépas
Aux portes du Palais, chez lui viendrait attendre
Que dans sa tombe ouverte il pût enfin descendre ?
De Jocaste il viendrait recevoir les respects ?
Il viendrait des Thébains recevoir les regrets ?
Il viendrait de Jocaste implorer la vengeance,
Et ses mânes plaintifs, errant dans le silence,
Interrogeant ces murs, attendris par leurs voix;
Apprendraient cependant que le sceptre des Rois,
Et leur Trône cédant à des destins perfides,
Sont déjà possédés par des mains homicides !
Et que peut-être enfin d'autres embrassements
Peuvent souiller Jocaste en ces affreux moments.

SCENE IV.

LES MÊMES, JOCASTE (*sortant éperdue de son appartement*).

NAXOS.

Ah! je l'avais prévu... De quelle horreur saisie...

JOCASTE.

Ombres de mon époux!

NAXOS.

    Elle en est poursuivie.

JOCASTE.

Entraînez-moi, Layus... arrachez-moi d'ici!

IPHISE.

Ah! grands Dieux!

JOCASTE.

    Pourquoi donc fuyez-vous? me voici :
Mon cœur est innocent; ma main n'est point coupable.
Venez... secourez-moi... d'un destin deplorable
Venez anéantir les horribles décrets.
Paraissez... Montrez-vous... Il fuit... Mais quels objets?
Ah! mes sœurs, est-ce-vous?

IPHISE.

    Quelles horreurs nouvelles
Ont atteint votre cœur de leurs douleurs cruelles?

ACTE IV.

NAXOS.

Qui peut vous soulager ? parlez.

JOCASTE

Me soulager ?
Laissez-moi respirer... y devrais-je songer
Quand il faudrait mourir !

IPHISE.

Ma sœur, qu'osez-vous dire ?

JOCASTE.

Ce qu'à mon cœur déjà le devoir sut prescrire,
Oui, j'allais m'immoler... & mon fatal destin
A changé tout-à-coup mon généreux dessein.
Tantôt lorsqu'aux autels (aux autels d'Hymenée),
Conduite par le peuple, esclave couronnée,
Mon cœur rempli d'un fier & noble désespoir,
Sur ces mêmes autels s'immolait au devoir,
J'allais saisir le fer... mais alors... ô faiblesse !
(Grands Dieux ! pourquoi mêler l'horreur & la tendresse !)
Eudox retient ma main... je me trouve en ses bras.
Dans l'instant un instinct que je ne conçois pas,
Mais tendre, quoique fort; mais doux, quoiqu'invincible,
M'inspira pour Eudox, & me rendit sensible.
L'éclair n'est pas plus prompt, & la foudre jamais
N'a produit de plus grands ni de plus sûrs effets.
Je fis de vains efforts, afin de me connoître.
C'en était fait, hélas ! mon ame avait un maître ;
Je pouvais ignorer & son nom & ses loix :
Il était mon vainqueur, & c'était là ses droits.

Ah ! comment exprimer cet étrange délire ;
Ou vous cacher plutôt où j'allais le conduire ?
Enfin à peine avais-je, heureuse dans mes soins,
Ecarté loin de nous d'incommodes témoins ;
Je m'approche d'Eudox... j'avance... (horribles peines !)
Je voulais... mais la mort circule dans mes veines ;
Je me sens à la fois & brûler & transir.
Eudox s'en apperçoit, & je le fais frémir.
Il m'échappe ; il me fuit, & je reste interdite.
Mes sœurs, de cet instant vous connaissez la suite.
Mais à présent voici ce que vous ignorez.
Ayant repris mes sens de degrés en degrés,
(Chere Iphise, peut-être est-ce là votre ouvrage !)
Etant flattée enfin d'un plus heureux présage,
Je descends dans mon cœur, j'ose l'interroger,
Et m'apprête moi-même, Iphise, à le juger.
Je ne le trouve point souillé par aucun crime ;
Mon amour pour Eudox m'y paraît légitime,
J'y vois enfin l'Hymen éteignant un flambeau ;
En ralumer un autre & plus vif & plus beau.
Vous dirai-je encor plus ; mais pourrez-vous l'entendre ?
Layus n'est plus pour moi qu'une stérile cendre.
J'y pense sans remords, mais non pas sans pudeur.
(Un moment) vous verrez l'excès de mon erreur.
Je rappelle le temps qu'insensible à sa flamme,
S'il parut dédaigner d'en pénétrer mon ame,
Sans languir ou brûler pour mes faibles appas,
Il jouissait des droits que je n'avouais pas.

ACTE IV.

Mais aux loix de l'Hymen, hélas! j'étais soumise.
Et maintenant, disais-je en mon ame surprise,
Que l'amour le plus tendre enivre tous mes sens,
Qu'il triomphe aujourd'hui de la mort & du temps ;
Que ses vives clartés font pâlir leurs lumieres,
Que je reçois du Ciel le joug de loix si cheres
Pour sauver à la fois ma gloire & les Thébains,
Faudroit-il résister à mes heureux destins...
Tu vois l'illusion qui m'avait trop séduite.
Voici donc maintenant l'horreur qui l'a détruite.
  (à *Iphise.*)
Vous savez qu'Aribate, à me plaire empressé,
M'avait fait avertir qu'il avait commencé
De verser sur Eudox les parfums salutaires,
Et qu'un Ciel satisfait contemplait ses mysteres.
Mon ame suspendue attendait ce moment.
Enfin Eudox arrive; il vient... mais ravissant.
Son front n'est plus ridé par un remords funeste ;
Il annonce à mes yeux la clémence céleste.
Je crois que de mon sort le Ciel ayant pitié,
Avec mon jeune époux s'est réconcilié.
Enfin des cieux ouverts Eudox paraît descendre;
Je crois qu'à mes transports les Dieux viennent le rendre:
Il semblait me chercher au milieu de leur Cour,
Et regardant l'hymen ne suivre que l'amour.
Mortelle, j'éprouvais le sort d'une immortelle !
Pouvais-je résister à mon ardeur nouvelle ?
J'y succombe, & je presse Eudox contre mon sein ;

Mais à l'instant un bruit terrible & souterrain
Nous fait trembler tous deux de l'horreur qu'il prépare :
Un fantôme entre nous s'éleve & nous sépare.
C'était Layus.

IPHISE.

Grands Dieux !

NAXOS.

Hélas !

JOCASTE.

C'était Layus...

(à Naxos).

Allez rejoindre Eudox... & de mes yeux confus
Dérobez-le avec vous... Faites-le disparaître
Jusqu'à ce que mon cœur puisse être encor son maître.

SCENE V.

JOCASTE, IPHISE.

JOCASTE.

Où plutôt, chere Iphise, allons de mon époux
Appaiser, s'il se peut, les mânes en courroux.

Fin du quatriéme Acte.

ACTE CINQUIEME.

SCENE I.
IPHISE, JOCASTE.

JOCASTE.

Je n'y réſiſte plus ; un trouble involontaire
Accroît à chaque inſtant la terreur ſalutaire
Sous laquelle à préſent mon cœur eſt abattu ;
Et qui tantôt, ma ſœur, eût ſauvé ma vertu.
Hélas ! il eſt trop tard ; mais que puis-je vous dire ;
Devant mes yeux ſéduits le voile ſe déchire :
Tout preſtige eſt détruit, & je découvre enfin
Au fond de l'horiſon mon horrible deſtin.

IPHISE.

Qu'entends-je, de Jocaſte eſt-ce là le langage ?
Auriez-vous donc perdu ce ſublime courage
Admiré ſi long-temps, & qu'on vit tant de fois
Animant votre eſprit, vous mettre au rang des Rois,
Souvent de la beauté dédaignant les hommages,
On vous vit, aſpirant à d'autres avantages,
Négliger les atours & quitter les fuſeaux
Pour occuper votre ame à de nobles travaux ;

Et maintenant, au lieu d'entrer dans la carriere
Où vous brûliez jadis de voler la premiere,
Où vous devez entrer pour soutenir vos droits;
Où vous ont appellée & le peuple & les loix,
On vous verrait trembler en regardant le Trône.
Elancez-vous sur lui; saisissez la couronne,
Et n'allez pas peser son poids trop incertain :
De l'Etat ébranlé prévenez le déclin,
Et ne laissez pas voir dans vos mains languissantes
Flotter au gré du sort ses rênes impuissantes.
Ah! ne flétrissez pas tant de gloire en un jour!
Ne me résistez plus; cédez à mon amour.

JOCASTE.

Sans doute il faut céder, mais à la destinée.
Hélas! combien de fois dans la même journée
N'a-t-elle pas changé mes vœux irrésolus ?
Combien de fois, voulant, & puis ne voulant plus,
Mes vœux furent détruits par des desirs contraires,
D'une ame trop émue effets involontaires,
Que vous m'avez causé de tourments aujourd'hui !

IPHISE.

Pourquoi vous plaire, hélas! à croître votre ennui,
Et, trop ingénieuse à vous nuire à vous-même,
Prétendre l'augmenter?

JOCASTE.

    Hélas! il est extrême.
Il ne peut augmenter!

ACTE V.

IPHISE.
Pourquoi vous rechercher
Sur ce qu'aucun mortel ne peut vous reprocher ?

JOCASTE.
Il est un Ciel vengeur.

IPHISE.
Ce Ciel voit l'innocence.

JOCASTE.
Il voit le crime aussi.

IPHISE.
Craignez-vous sa vengeance ?
Avez-vous fait un pas qu'il ne vous l'ait montré ?
Avez-vous dit un mot qu'il n'ait pas inspiré ?
Mortelle ! subissez aussi la loi commune,
Et n'allez point gronder le Ciel ou la Fortune
Pour avoir élevé des écueils contre vous.

JOCASTE.
Moi, le gronder ! Qui ? moi ! l'objet de leur courroux !
Ah ! ne provoquez point, Iphise, leur colere ;
Elle viendra trop tôt.

IPHISE.
Quoi ! parler & vous taire ?
Rester impénétrable en vos tristes discours,
Et ne vous expliquer que contre mes secours ?
Cruelle ! c'en est trop.

JOCASTE.
Je les crois inutiles.

IPHISE.
Ils ne le feraient pas fans vos peurs puériles.
JOCASTE.
O Layus !
IPHISE.
Eh quoi donc, les mânes de Layus
Ne font point appaifés ; ils vous font apparus ;
Ils veulent un cercueil, il faut les fatisfaire.
Des victimes fans nombre...
JOCASTE.
Une feule peut plaire.
IPHISE.
Prétendez-vous toujours, ma fœur, vous appliquer
A parler fans jamais vouloir vous expliquer ?
De mon amour pour vous eft-ce la récompenfe ?
Doit-il être payé d'un horrible filence ?
Et n'avez-vous ouvert mon cœur à l'amitié
Qu'afin de le remplir, fans aucune pitié,
Des poifons de la crainte & de l'inquiétude ?
Cruelle ! eft-ce le fruit de la douce habitude,
Qui, depuis notre enfance, enchaînant tous nos jours
Sur le même penchant, en confondait le cours ?
Croyez-vous plus long-temps me faire réfiftance ?
Croyez-vons que j'en puiffe endurer la conftance ?
Il faut vous détromper : non, ne le croyez pas ;
Vous me faites mourir par différents trépas.
Chaque mot prononcé d'une voix expirante
Fait paffer dans mon cœur une mort différente.

ACTE V.

Tantôt c'est la terreur, tantôt le désespoir.
Ah! si vous en doutez, au moins pourrez-vous voir
De votre cruauté l'effet inévitable.
Je vais...

JOCASTE.
N'étais-je pas déjà trop misérable!
Qu'osez-vous demander? Quels horribles souhaits!
Vous frémirez, ma sœur, si je les satisfais.
Eh! pourquoi de mon cœur pénétrer les abîmes?
Il faudrait les fermer, au lieu d'y voir mes crimes.

IPHISE.
Qui vous a dit, ma sœur, qu'on ne peut les fermer?
J'y saurai parvenir.

JOCASTE.
Ah!

IPHISE.
Laissez en former
A ma triste amitié la touchante espérance.

JOCASTE.
Je fus assez séduite, hélas! par l'apparence.
Cessez de m'en montrer les trompeuses couleurs.

IPHISE.
Eh bien donc, augmentez encore mes douleurs;
Joignez à vos refus un injuste reproche :
La mort était pour moi trop lente en son approche;
Mais vous allez...

JOCASTE.
Ma sœur, qui moi, vous reprocher

De vous voir constamment appliquée à chercher
De calmer mes ennuis, de charmer ma tristesse,
En portant l'amitié jusques à la foiblesse;
Non, tu ne le crois pas: c'est encor un détour
Où tu veux m'égarer en suivant ton amour.
Eh bien, il faut céder; hélas! que vais-je dire?
La parole déjà sur mes levres expire.
Mais puisqu'il faut mourir, je mourrai dans tes bras.
N'est-il pas vrai, ma sœur, tu me les ouvriras?
Je te verrai du moins autant que la lumiere:
Promets-moi de fermer ma mourante paupiere.
Oui, fais-m'en le serment; tu me consoleras:
J'en redouterai moins l'approche du trépas.
Tu vis... tu sais qu'Eudox trouva mon cœur sensible:
Si cet attrait puissant, ce charme irrésistible,
N'est que trop naturel, eh bien alors, ma sœur,
De toutes les horreurs, c'est la plus grande horreur;
Car telle est de mon sort la cruauté nouvelle,
D'être bien plus coupable étant moins criminelle.
Si de Layus Eudox...

IPHISE.
     Se trouvait l'assassin...
Je vous l'ai déjà dit, d'un oracle incertain,
Layus épouvanté, *crut qu'une main chérie*
Lui ravirait le Trône en ravissant sa vie.
En nous parlant d'Œdipe, à Naxos & à moi,
Voilà ce qu'il nous dit; calmez donc votre effroi:
Eudox quitte son pere.

        JOCASTE.

ACTE V.
JOCASTE.
Hélas! ma sœur.
IPHISE.
Quel trouble
Pourrait vous agiter?
JOCASTE.
Chaque mot le redouble.
Eudox quitte son pere avait suffi tantôt,
Pour me séduire, Iphise; eh bien! ce même mot
M'accable maintenant, & c'est lui qui me tue.
Quand Layus déroba son fils de notre vue,
Loin de me confier qu'il craignait que sa main
Le menaçât un jour d'un poignard assassin,
» Notre amour, me dit-il, effraya la Nature;
» Un monstre en est le fruit qui doit lui faire injure.
» Il faut vous révéler ce secret trop sanglant:
» Vous portâtes, Jocaste, un monstre en votre flanc.
» C'est mon fils... c'est Œdipe... il aimera sa mere..
» Et... je vous veux cacher la honte de son pere.
» Le Ciel de son destin, lui-même épouvanté,
» A voulu m'avertir de cette atrocité.
» Gardez-bien ce secret; il y va de la vie.
» J'aurais pu par pitié faire une barbarie;
» Mais Eudox éclaira ma trop faible raison;
» Eudox va le cacher aux monts du Citheron.
» Vous saurez si le sort cesse de le poursuivre;
» Bien long-temps, vous pouvez, Jocaste, me survivre;
» Et moi je dois apprendre au séjour ténébreux

E

» Si mon fils peut enfin reparaître en ces lieux ».
Tels sont ses propres mots gravés dans ma mémoire.
Vous sentez qu'à vos yeux voulant sauver ma gloire,
De cet affreux oracle il vous a confié
Ce qu'il voulut cacher à ma triste amitié.
Mais vous voyez aussi que, bien loin de détruire
Ma dévorante crainte, Iphise, tout conspire
A me montrer du sort l'excès de cruauté.

IPHISE.

De tant d'horreurs mon cœur est si fort révolté,
Que je vous l'avouerai, ma sœur, loin de l'abattre,
S'il n'en triomphe pas, il pourra les combattre.

JOCASTE.

Iphise ! quoi ! tu veux te séduire toujours !

IPHISE.

D'abord je vois Layus en ses tristes discours
Partager entre nous, ma sœur, sa confidence.
Qui vous dit que Layus eut plus de confiance
Pour vous, ma sœur, qu'en nous, & pourquoi donc, grands
   Dieux !
Layus n'aurait-il pas trompé toutes les deux ?
Il vous dit une chose, il m'en a dit une autre ;
Quel est le vrai secret, ou du mien, ou du vôtre ?
Ils sont tous deux menteurs, puisqu'ils sont différents.

JOCASTE.

Ils sont vrais.

IPHISE.

    Puisqu'ils sont tous les deux effrayants ?

ACTE V.

Telle est de la terreur la juste conséquence.

JOCASTE.

Telle est de votre amour l'aveugle confiance.

IPHISE.

Mais qui peut donc détruire à vos timides yeux
Eudox quittant son pere en venant en ces lieux ?

JOCASTE.

Pourquoi vous aveugler sur ce triste mystere ?
Pour venir en ces lieux il crut quitter son pere.
Eudox n'est point Eudox, & c'est Œdipe, hélas !
Avant de le savoir, mon cœur n'en doutait pas !
Je sentais en mon sein la Nature égarée,
J'éprouvai ses erreurs ; mais j'en fus enivrée.
Chere Iphise ! & quoi donc ! pour un autre que lui
Jocaste eût-elle pu s'enflammer aujourd'hui ?
Aujourd'hui que Layus, à peine dans la tombe,
A cette horrible idée... Iphise, je succombe...
Non, barbare Layus, non, ne le croyez pas,
Jocaste n'eût jamais profané ton trépas.
C'est toi qui fus coupable, & je suis ta victime.
Mon crime ! c'est le tien, & ce n'est pas mon crime.
Tu jettas dans mon sang l'exécrable poison
Qui devait enflammer mes sens & ma raison.
Cruel ! puisque c'est là ton trop fatal ouvrage,
Viens entraîner Jocaste au ténébreux rivage.
Viens, viens, ne me fuis plus... Mais qu'est-ce que je vois ?

E ij

SCENE II.
LES MÊMES, ŒDIPE, NAXOS.

NAXOS (*à Jocaste*).

Je vous amene Eudox. Je cede à son effroi:
Je cede aussi, ma sœur, à celui qu'il m'inspire.

JOCASTE (*à part*).

De quel nom l'appeller ?

ŒDIPE.

Dieux ! que vais-je lui dire ?

JOCASTE.

Vous paraissez troublé ?

ŒDIPE.

L'êtes-vous pas aussi ?

JOCASTE.

Hélas ! en vous voyant, tout mon cœur a transi.

ŒDIPE.

Je vous ferai pourtant bien plus d'horreur encore.

JOCASTE.

Eh quoi ! vous auriez su qu'un destin que j'abhorre
(Et que j'aime à la fois), prépara nos malheurs ?
Pourquoi, cruel, pourquoi, sous de feintes couleurs,
Avez-vous déguisé cet horrible mystere ?

ACTE V.

ŒDIPE.

Je pourrais attester le jour qui vous éclaire,
Qui vous rend si touchante & si belle à mes yeux ;
Qui me fait voir enfin combien je suis heureux,
Que je vous révélai ce que je pouvais dire.

JOCASTE.

Vous ne savez donc pas ?

ŒDIPE.

Je n'ai pu m'en instruire :
Pris, enchaîné, traité comme un vil assassin ;
J'ignore encor le nom que ma barbare main
Effaça pour toujours des livres de la vie.
Celui du grand Layus étonna mon génie.
Vous l'avez prononcé ; vous en avez frémi.
D'aucun doute ce nom ne m'avait éclairci.
Je savais, je vous dis, que j'étais homicide :
Je dus l'être, ou ma main eût été trop timide.
Je croyais éviter un poignard menaçant,
Et ne m'être rougi que d'un sang insolent,
Enfin, d'un cœur trop fier en mon humble fortune,
Je croyais avoir pris la vengeance commune.

JOCASTE.

Va, va, tu t'es trompé ; tout mon sang brûle en toi.

ŒDIPE.

Quel étrange discours ! Est-ce amour ? est-ce effroi ?

JOCASTE.

Tous deux sont confondus dans mon ame éperdue.

JOCASTE,

ŒDIPE.

Avant de me montrer, Jocaste, à votre vue,
Les Dieux à ce bonheur semblaient me préparer ;
Ils m'ont su protéger ; ils ont pu m'inspirer.
Mais si vous me voyez encor d'un œil sévere,
Je croirai ressentir l'effet de leur colere.
Ah ! le Ciel qui pour moi prodigua ses bontés,
Voulut troubler le cours de mes prospérités.
Il était trop brillant ; il était trop rapide :
Mais fallait-il, hélas ! que ma main homicide
Plongeât un fer mortel dans le sein de Layus !

JOCASTE.

Eh quoi ! tu le sais donc ?

ŒDIPE.

Lorsqu'à nos yeux confus
Ses mânes ont paru… Je me trompai peut-être ;
Mais enfin j'ai cru voir, & j'ai cru reconnaître
Du vieillard malheureux qui tomba sous ma main
Le port… & quelques traits…

JOCASTE.

O funeste destin !

ŒDIPE.

J'avais pu me flatter, par un prompt sacrifice,
De désarmer des Dieux la sévere justice.
Aribate, Phorbas, les ont crus satisfaits.
Eh comment en douter, mon cœur était en paix,
Et je devais bientôt vous voir & vous entendre.
Mais, puisque les enfers ont semblé nous apprendre

ACTE V.

Que de mon heureux sort Layus était jaloux,
     (*à ce mot Jocaste met un voile sur sa tête.*)
Je venais protester à vos sacrés genoux
Qu'en effet si Layus rendit ma main coupable,
(Des expiations c'est la plus effroyable) ;
Mais j'irai, s'il le faut, éloigné de vos yeux,
Appaiser sa grande ombre en implorant les Dieux.
Naxos m'a dit qu'ici Layus allait paraître,
Et qu'une fois encor ces lieux verront leur maître.
Par la crainte conduit, j'y venais m'éclaircir
D'un doute que mon cœur ne peut plus soutenir.
Mais ce doute, éclairci, me fût-il favorable,
Vous réglerez mon sort, heureux, ou misérable.
Mais vos loix le feront bien moins que vos appas.
Rien ne pourra me plaire où vous ne serez pas.
Ordonnez donc mon sort, puisqu'hélas ! vous le faites.
Mais vous ne pourrez pas me punir où vous êtes ;
S'il faut pourtant, j'irai jusques au Cithéron.

     JOCASTE (*ôtant son voile.*)

Vous m'aviez défendu de prononcer ce nom ;
Un oracle, Seigneur, un oracle effroyable
Vous chassait de ce lieu, qu'il rendit redoutable.

     ŒDIPE.

J'ai cru ce que j'ai dit ; mais je suis rassuré.
Dans le Temple, Phorbas, tout-à-coup inspiré,
M'a révélé ce qu'il ignore encor lui-même.

     JOCASTE.

Ah ! parlez, qu'a-t-il dit ? ce moment est extrême.

JOCASTE,

Hâtez-vous.

ŒDIPE.

Dans le Temple à peine étais-je entré,
Que d'une sainte horreur je me vis pénétré.
Tel grand qu'il fut, mon crime était involontaire,
Et j'allais l'effacer dans l'onde salutaire
Accordée aux mortels par les Dieux indulgents,
Pour se purifier de leurs égarements.
Cependant j'éprouvais une terreur secrete.
O vous! dis-je à Phorbas, vénérable interprete
Du ténébreux destin que nous devons subir,
Du mien dans ce moment vous me voyez frémir.
Non loin du Cithéron, sur un autel sauvage,
Ce Dieu maître des Dieux m'apprit-il mon partage ?
Ma mere, Eudox aussi, doivent-ils éprouver...?
Mais je n'eus pas le temps de pouvoir achever ;
Phorbas était déjà plein du Dieu qui l'inspire,
Et son esprit troublé par un sacré délire,
Bientôt je ne puis plus soutenir ses regards ;
Ils semblent contre moi lancer mille poignards.
Je me prosterne enfin ; alors je l'entends dire:
» Dans les décrets du Sort tu ne savais pas lire.
» Eudox n'a rien à craindre ; & ton sort est rempli ».
Vous voyez...

JOCASTE (*en jettant son voile sur sa tête*).

O mon fils!

NAXOS.

Tout est donc accompli!

ACTE V.

ŒDIPE.

Grands Dieux! qu'ai-je entendu! que prétend-elle dire?

SCENE III.

LES MÊMES, LA POMPE DE LAYUS.

NAXOS à Iphise.

AH! si vous balancez je m'en vais l'en instruire.

IPHISE.

N'en doutez plus, hélas!... l'affreuse vérité!
Ce qui vous fut prédit, Seigneur, l'avait été
A Layus comme à vous. Jocaste en fut instruite.
Eudox au Cithéron déroba votre fuite.
Layus aux mains d'Eudox confia votre sort,
Et dit, pour vous sauver, que son fils était mort.
Si ce vieillard (*en montrant le corps de Layus*)

ŒDIPE.

Grands Dieux!

IPHISE.

Se trouvait la victime.
Œdipe... c'est ton pere... & Jocaste est...

ŒDIPE (*en soulevant le linceuil qui couvre le corps de Layus.*)

O crime!
Oui, c'est lui... C'est mon pere... O Jocaste! c'est lui.

JOCASTE.

IPHISE (*arrêtant Œdipe qui veut se précipiter dans les bras de Jocaste expirante.*)

Elle expire; arrêtez... son dernier jour a lui.

ŒDIPE (*en se frappant.*)

Ne me repoussez point; ah ! soyez moins cruelle !
Laissez-moi dans ses bras expirer avec elle.

LE GRAND-PRÊTRE. (*on entend le tonnerre*)

C'en est fait, & déjà les Dieux sont satisfaits.

(*Aux Thébains.*)

Du crime vous voyez les funestes effets.
Pour conserver son fils, Layus osa prétendre
Le dérober au Sort; mais il sait le reprendre.
De ses cruelles mains Layus crut l'arracher;
Précédé par le crime, il l'est venu chercher.
Mais l'air n'est plus chargé d'horribles influences;
On ne respire plus les mortelles semences
Dont il fut infecté par un destin jaloux.
Adorons sa justice, & craignons son courroux.

FIN.

Lu & approuvé. A Paris le 5 Mai 1781. SUARD.

Vu l'Approbation, permis d'imprimer. A Paris, ce 5 Mai 1781. LE NOIR.

www.ingramcontent.com/pod-product-compliance
Lightning Source LLC
Chambersburg PA
CBHW070620170426
43200CB00010B/1863